LA GRANDE DÉESSE MÈRE

SAGESSES DU MONDE

LA GRANDE DÉESSE MÈRE

SHAHRUKH HUSAIN

Traduit de l'anglais par Alain DESCHAMPS

Postface de Jean-Yves LELOUP

ALBIN MICHEL

Albin Michel
■ *Spiritualités* ■

Collections dirigées
par Jean Mouttapa
et Marc de Smedt

Sagesses du monde

LA GRANDE DÉESSE MÈRE
Traduction : Alain Deschamps
Postface : Jean-Yves Leloup

Pour l'édition originale :

THE GODDESS

Pour la présente édition :

Mise en page :
Atelier Lauriot Prévost

Relecture :
Marie-Odile Mauchamp

22, rue Huygens 75014 Paris

Numéro d'édition : 16852
Dépôt légal : 1er trimestre 1998

ISBN 2-226-09484-9

Table des matières

Introduction

Dans son roman *Métamorphoses* (ou *L'Âne d'or*), l'écrivain nord-africain Apulée (IIe siècle) cite les différents noms sous lesquels la déesse Isis était vénérée par les peuples de la terre (cf. p. 33). En dépit de leurs divers attributs, titres et pouvoirs, toutes les divinités féminines émanent d'une même source : la réalité suprême que l'on appelle La Déesse.

La Déesse se manifeste sous de multiples formes dont certaines font voler en éclats les stéréotypes habituellement associés à la féminité. La souveraineté, la guerre et la chasse entrent dans ses attributions ; elle est indépendante, forte et très sensuelle ; et l'esprit humain est incapable de la concevoir dans sa totalité.

Pour mieux l'opposer au Dieu des religions monothéistes et patriarcales, certains auteurs féministes, omettant l'article, l'appellent « Déesse ». Sa qualité essentielle est d'être exhaustive, de contenir tout et son contraire : elle est femelle et mâle, création et destruction. Dans sa balance, vie et mort pèsent d'un poids égal, et elle veille à leur parfait équilibre pour préserver

CI-DESSUS *Kouan-yin, déesse de la clémence ; dynastie des Sung, Chine (XIIe ou XIIIe siècle).*

CI-DESSOUS, À GAUCHE *Figurines modernes, en plâtre et papier mâché, utilisées lors des fêtes dédiées à la déesse Durgâ, à Vârânasi (Bénarès), Inde.*

l'ordre de l'univers. Une collection de papyrus gnostiques, traduits en copte au IIIe ou IVe siècle fut découverte vers 1945 à Nag' Hammâdî, en Haute-Égypte ; l'un de ces textes donne la parole à une voix féminine, peut être celle d'Isis ou de Sophia/Sophie (la Sagesse). La voix se nomme elle-même : « Tonnerre : Esprit parfait ».

Car je suis la première et la dernière.
Je suis l'honorée et la méprisée.
Je suis la prostituée et la sainte.
Je suis l'épouse et la vierge.
Je suis la mère et la fille.
Je suis les membres de ma mère.
Je suis la stérile, et nombreux
sont mes fils.
Je suis la magnifiquement mariée
et la célibataire.
Je suis l'accoucheuse et celle qui
n'a pas procréé.
Je suis la consolation des douleurs
de l'enfantement.
Je suis l'épousée et l'époux,
et c'est mon mari qui m'a
engendrée.
Je suis la mère de mon père ;
je suis la sœur de mon mari,
et il est mon rejeton...
Ayez du respect pour moi.
Je suis la scandaleuse
et la magnifique.

AU CENTRE *Frise mésopotamienne représentant « l'Arbre de Vie » gardé par des femmes ailées (IXe siècle av. J.-C.).* CI-DESSOUS Vénus et l'Amour, *peinture de Lucas Cranach l'Ancien (1509).* CI-DESSOUS *Laksmi, déesse hindoue de la fortune*

La Déesse redécouverte

Les théories officielles relatives à la préhistoire de l'humanité ayant été périodiquement réécrites tout au long du XXe siècle, les trouvailles archéologiques datées du paléolithique et du néolithique ont donné lieu à des réinterprétations successives. Parmi les objets et représentations qui ont le plus alimenté les spéculations et nourri les imaginations, figurent les « vénus préhistoriques ». La plupart d'entre elles furent décrites, lors de leur découverte, dans les mêmes termes que les statuettes d'ivoire mises au jour en 1937 à Dolni Vestonice (Serbie) : « De la pornographie plastique antédiluvienne. »

Depuis la Seconde Guerre mondiale, la tendance est à considérer ces figurations comme des images de déesses, emblèmes de la fertilité ou, plutôt, des étroites relations existant entre la vie et la mort. On veut y voir la preuve de l'existence de sociétés gynécocratiques, et on les considère comme des symboles intemporels tirés d'un fonds mythique commun à l'humanité tout entière.

Cette parturiente, peinte par les Aborigènes de la terre d'Arnhem, représente « La Vieille Femme » ou « La Toute-Mère », qui arriva dans le nord de l'Australie sous la forme d'un serpent et donna naissance aux ancêtres des premiers Australiens. Contrairement à ce qui advint en Europe, la tradition orale des Aborigènes a conservé, au moins en partie, la signification de ces figurations durant des millénaires.

Découvertes récentes

Le mot « préhistoire » date de 1865 ; il fut utilisé pour la première fois par sir John Lubbock dans son livre *Prehistoric Times* (*L'Homme avant l'Histoire*, 1866) qui prônait les idées du français Jacques Boucher de Perthes, lequel avait été le premier (en 1839-1841, dans son livre *De la création*) à proclamer l'existence d'un « âge de la pierre » et d'un « homme antédiluvien », créateur des objets de pierre taillée, et contemporain des animaux fossiles. Boucher de Perthes en tirait la conclusion que l'humanité était plus ancienne que ne le prétendait la Bible, et ses découvertes suscitèrent des campagnes de fouilles dans le monde entier.

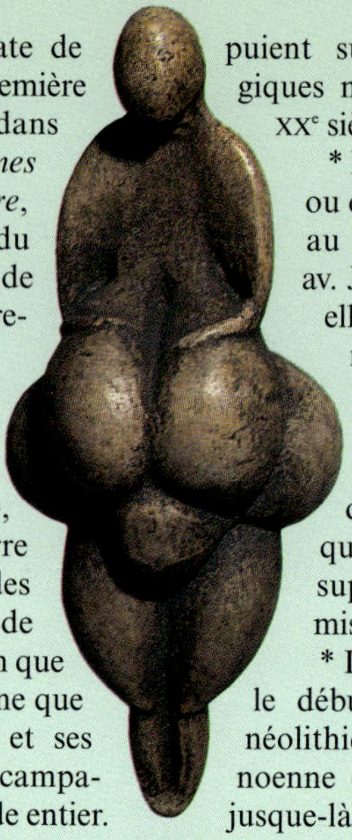

La Vénus de Lespugue (Haute-Garonne), un exemple typique des figurines féminines datant du paléolithique (environ 20000 av. J.-C.)

Parmi les trouvailles les plus étonnantes, on compte des gravures et peintures rupestres, et des figurines datant du paléolithique et représentant des femmes enceintes, dont la vulve, les fesses et les seins sont hypertrophiés, alors que leur tête et leurs membres sont atrophiés. Les figurines furent qualifiées de « vénus », et décrites comme des images archétypiques de la féminité et de ses fonctions, mais depuis leur découverte, des voix s'élevèrent occasionnellement pour affirmer qu'elles étaient la preuve de l'existence d'un culte, très ancien et universellement répandu, à une déesse mère. C'est seulement à partir des années 1960 que cette idée a été largement reprise par des universitaires, des artistes et des militants féministes et écologistes qui s'appuient sur des preuves archéologiques mises au jour au cours du XXe siècle :

* La « civilisation de l'Indus », ou de Mohenjo-Dâro (disparue au cours du IIe millénaire av. J.-C., et qui a laissé derrière elle un grand nombre de figurines féminines) fut identifiée en 1921.

* Les tombes royales de la dynastie sumérienne d'Ur (dont le mobilier indique un culte à une déesse suprême de la fertilité) furent mises au jour en 1934.

* Les fouilles conduites depuis le début du siècle sur les sites néolithiques de la civilisation minoenne (île de Crète) n'ont révélé jusque-là aucune figuration de divinité masculine adulte, mais seulement une déesse mère accompagnée de nouveau-nés ou d'enfants minuscules.

* Le sanctuaire découvert en 1974 sur le site de l'antique cité de Phylakopi (île de Mélos, ou Milo, l'une des Cyclades) était abandonné depuis 1120 av. J.-C., époque à laquelle des figurines votives masculines commencent à apparaître aux côtés des représentations féminines, indiquant le déclin de la civilisation minoenne et de son culte à la Déesse, ainsi que l'expansion de la civilisation mycénienne, à dominante masculine.

* Quant aux ruines de Çatal Hüyük (Anatolie, Turquie), dont les sanctuaires recélaient quantité de statuettes de la Déesse, elles n'ont été fouillées qu'à partir des années 1960 (cf. p. 14).

Minerve rendant visite aux Muses sur le mont Hélicon, *de Hans Jordaens III, dit Le Long (1595-1643). Minerve inspire et aide de nombreux héros, les Muses protègent les arts et inspirent les artistes. Depuis la Grèce classique, le mythe des Muses est venu à l'appui de la conception selon laquelle les femmes seraient inspiratrices et les hommes créateurs. Ce stéréotype a influencé archéologues et préhistoriens pour lesquels seul l'homme invente armes et outils, peint les cavernes et taille le silex.*

LA FEMME, ARTISTÉ ET CRÉATRICE

La plupart des chercheurs et des auteurs qui sont d'accord pour penser que les vénus paléolithiques sont des symboles de la fertilité ou même des représentations de la Déesse, sont intimement persuadés qu'elles furent créées par des hommes. À leurs yeux, le très petit nombre de figurations masculines serait à mettre en relation avec la fascination exercée sur les hommes par la femme, source de vie.

Pourtant, en 1996, Le Roy McDermott, professeur à l'université d'État du Missouri, émit l'hypothèse que les déformations caractéristiques des vénus pourraient être le fait de femmes enceintes sculptant leur autoportrait. À l'aide d'une série de photos, il démontre que la vision en raccourci qu'une femme enceinte a de son corps alors qu'elle est allongée, est comparable à l'apparence des vénus de Lespugue, de Willendorf ou d'ailleurs.

McDermott se sert également de photos pour expliquer des déformations plus subtiles des figurines, comme celle du nombril qui a tendance à être grand, elliptique et trop proche du triangle pubien.

Les têtes seraient dénuées de visage car dans un monde sans miroir, les artistes ignoraient tout de leurs traits. Si cette théorie est correcte, la grande majorité des sculptures paléolithiques aurait été réalisée par des femmes, ce qui donnerait du poids aux arguments des féministes selon lesquelles les femmes, et non les hommes, auraient été les premiers artisans et les premiers artistes, et auraient transmis la culture de génération en génération. Mais même si les vénus préhistoriques sont des autoportraits, cela n'exclut pas qu'elles aient eu une fonction cultuelle.

Paléolithique et néolithique

Un millier de figurations féminines (sculptures, reliefs, peintures et gravures rupestres, etc.), datées de la période paléolithique, ont été mises au jour. Les plus anciennes remontent au XVIIe millénaire av. J.-C., et l'aire de découverte couvre la majeure partie de l'Europe.

Il pourrait s'agir de représentations réalistes, d'illustrations des canons de beauté de l'époque ; ou bien encore d'art érotique ou pornographique. À moins qu'elles n'aient servi à expliquer le processus de l'enfantement à des femmes sur le point d'accoucher pour la première fois. Mais néanmoins, l'opinion la plus répandue en fait des images de prêtresses de la Déesse, ou de la Déesse elle-même, incarnée sous les traits d'une ancêtre. Marija Gimbutas, une archéologue américaine contemporaine qui a révolutionné notre compréhension des âges de la pierre et du bronze, y voit « des figures mythiques ou symboliques, utilisées pour représenter certains mythes, saisonniers ou autres ».

Cette conception a été reprise par d'autres auteurs, dont A. Marshack (en 1972, dans *The Roots of Civilization*, en français *Les Racines de la civilisation*) pour qui ces figurines sont « des images narratives » en relation avec le cycle des saisons et le renouvellement de la vie. Marija Gimbutas et A. Marshack relient les statuettes à une déesse de la terre, ou à ses officiantes ; une opinion d'autant plus plausible qu'il paraît vraisemblable que les sociétés paléolithiques, comme toutes les sociétés préscientifiques (et de nombreuses cultures technologiquement avancées), aient pratiqué une forme de magie destinée à favoriser la fertilité.

Vulves gravées sur une paroi de l'abri-sous-roche de Cellier (près de Le Moustier, Dordogne), au paléolithique supérieur. Les représentations paléolithiques des parties génitales ont très peu de rapports avec la sexualité et l'érotisme. Triangles de terre cuite et pendentifs circulaires ornés d'une graine ou d'un œil étaient des façons habituelles de représenter la vulve ; ils servaient probablement d'amulettes et faisaient allusion à la fécondité de la femme et de la terre, la graine étant une métaphore courante de la reproduction des végétaux et des humains.

La fertilité était certainement la plus importante fonction des déesses paléolithiques. Souvent, les mains des figurines attirent l'attention sur leur vulve ou leurs seins, conduisant certains chercheurs à mettre l'accent sur un symbolisme lié aux sources primordiales de la création et de la nourriture ; mais les croyances d'une culture anciennement disparue doivent être analysées avec précaution, car un symbole qui peut paraître évident à une certaine époque et dans un contexte culturel donné, pourrait avoir eu une signification totalement différente à une autre époque et dans une autre culture. Ainsi, on pensait que les figurations de femmes soutenant leurs seins, trouvées dans les pyramides égyptiennes, étaient en relation avec la sexualité ou l'allaitement, mais les travaux de Champollion sur la fameuse pierre de Rosette ont démontré qu'il s'agissait d'une attitude de deuil.

La ressemblance entre quelques figurations paléolithiques et néolithiques suggère que la religion de la première période aurait continué à être pratiquée bien avant dans la seconde. Marija Gimbutas appelle « Vieille Europe » la zone de propagation de cette religion (Europe occidentale et centrale, Balkans et centre du bassin méditerranéen), le culte de la Déesse ayant survécu en Crète jusque vers la fin du IIe millénaire av. J.-C.

Les figurations féminines datées de la période comprise entre 7000 et 3500 av. J.-C., vont des déesses monumentales trouvées dans les temples cyclopéens de

MARIJA GIMBUTAS ET L'INTERPRÉTATION DES SYMBOLES

Tout au long de trente années de recherches sur le terrain, Marija Gimbutas releva des ressemblances frappantes entre des figurations de la déesse préhistorique et certains animaux, particulièrement des oiseaux aquatiques. Les plus anciennes de ces figurations datent de vingt-six mille ans, les plus récentes sont des peintures et des poteries crétoises de l'âge du bronze. En examinant un grand nombre de pots, de peintures, de figurines et de gravures, Gimbutas identifia des postérieurs en forme de croupion, des cuisses, des seins et des hanches en forme d'œuf, autant de traces d'un hybride de femme et d'oiseau aquatique, la déesse-oiseau qui figure dans tant de mythologies à travers le monde.

Gimbutas releva également, sur les images de la Déesse, divers symboles qu'elle met en rapport avec les liquides et leurs propriétés nourricières : un V double dans le dos et sur les jambes symbolise les eaux vives ; des lignes verticales évoquent la pluie ; les mêmes symboles sur les seins représentent le lait ; derrière les cuisses, ils figurent le liquide amniotique. Gimbutas associe la Déesse à l'élément fondamental : l'eau, et établit sur cette base sa théorie d'une Créatrice paléolithique se créant et créant le monde à partir du liquide primordial. Gimbutas note aussi que les yeux de chouette de la Déesse qui décorent pierres tombales, lieux saints, temples et autels, la mettent en relation avec la mort et la vie après la mort, faisant d'elle « la Grande Mère universelle » dont « les pouvoirs imprègnent toute la nature ».

Jarre de stockage, Cnossos, Crète, vers 1450 av. J.-C. Pour Marija Gimbutas, la double hache (dérivée du papillon, symbole de l'âme) représenterait la Déesse.

Déesse mère trônant entre deux léopards (environ 5750 av. J.-C.) ; statuette de terre cuite trouvée à Çatal Hüyük (Turquie). Selon l'archéologue James Mellaart, elle daterait de l'époque où l'agriculture supplanta la chasse et où le dieu masculin, figuré sous la forme d'un taureau, disparut de la religion locale.

Malte, à des figurines minuscules, en passant par des représentations de la Déesse endormie, ou parturiente, ou encore dans une attitude de vénération ou de bénédiction.

L'archéologue James Mellaart qui dirigea les fouilles du site néolithique de Çatal Hüyük, dans les années 1960, décrivait les pièces des différentes constructions comme autant de lieux saints consacrés au culte de la Déesse. D'autres préféraient y voir des salles de réunion pour les chasseurs, mais la thèse de Mellaart semble la plus vraisemblable car une bonne partie des bâtiments mis au jour sont des temples, et seule la Déesse apparaît sur les murs et les reliefs. Pour Mellaart, le développement de l'agriculture s'accompagna d'un accroissement de l'importance et des pouvoirs des femmes, traditionnellement en charge de la terre.

La théorie attribuant aux habitants de Çatal Hüyük une religion et une cosmogonie structurées a été confirmée par certaines fouilles. Des peintures murales dans des temples représentent des vautours auprès de corps sans tête, évoquant peut-être l'éventualité d'une croyance selon laquelle la Déesse aurait absorbé les défunts afin de les régénérer. Dans les chambres d'inhumation, on a retrouvé des squelettes et des crânes de taureau juxtaposés. La forme de la tête du taureau est souvent considérée comme le symbole de l'utérus de la femme, tandis que les cornes figurent les oviductes ; ainsi, placer un mort à côté d'une tête de taureau pourrait peut-être bien avoir été une façon de le préparer à renaître.

Le taureau est également interprété comme l'image d'une divinité masculine, consort ou/et fils de la Déesse. Dans l'un des sanctuaires, une déesse semble avoir donné naissance à trois têtes de taureau, et le taureau sacré que l'on retrouve chez les Celtes et dans diverses autres cultures pourrait être une survivance de croyances datant du néolithique.

L'analyse des découvertes archéologiques – y compris l'étude des habitations et des agglomérations – peut être très révélatrice des croyances et des structures sociales des sociétés préhistoriques. Cependant, en l'absence d'informations complémentaires permettant d'effectuer des recoupements, il est difficile d'évaluer l'exactitude des théories résultant de cette analyse. Le XXe siècle a fait largement avancer l'étude des sociétés traditionnelles contemporaines, et nous a permis de faire de grands progrès dans la connaissance des sociétés anciennes. Malgré tout, nous courons toujours le risque de commettre des anachronismes en observant les anciennes croyances avec nos yeux d'hommes du XXe siècle.

LA DÉESSE ET LE LION

L'association, fréquente, de la déesse mère et du lion remonte probablement au paléolithique. La plus ancienne preuve du lien existant entre la maternité et l'image du lion a été découverte dans la « chapelle de la lionne », à l'intérieur de la grotte-sanctuaire des Trois Frères (Ariège), où une lionne et ses lionceaux, et une autre lionne, solitaire, furent gravées (respectivement sur une sorte d'autel et sur une paroi) au paléolithique supérieur (18000-14000 av. J.-C.).

L'aspect félin de la Déesse se retrouve dans le temple paléolithique que constitue la grotte du Pech-Merle (Lot), où une peinture rupestre porte le nom de « reine-lionne ».

Mais la représentation la plus spectaculaire figure sur un long bas-relief découvert en 1834 par l'archéologue français Charles-Félix-Marie Texier à Yazilikaya (Turquie), à proximité du site d'Hattusa, ancienne capitale des Hittites. Hebat, divinité solaire, « reine du ciel et de la terre », est la pièce centrale d'une double procession de 66 divinités ; haute de près de 2 m, la déesse se tient debout au-dessus d'un grand félin tandis que Tesub, le dieu de l'orage, son parèdre, vient à sa rencontre. Derrière elle, son fils Sarruma est debout au-dessus d'un autre félin. Cette union divine (cf. p. 100 à 103) avait probablement pour fonction de favoriser la fécondité du royaume hittite.

D'autres figurations félines présentent une déesse plantureuse et parturiente, assise entre deux grands félins, tandis que la tête d'un nouveau-né apparaît entre ses pieds (voir illustration page précédente).

Les statues babyloniennes et égyptiennes de déesses à tête de lionne (datées d'environ 3000 av. J.-C.) sont la preuve d'un lien encore plus étroit entre la Déesse et le lion, et suggèrent l'existence de mythes et de rites de métamorphose en relation avec les cycles solaires.

Peinture hindoue du XIXᵉ siècle : la déesse Durgâ chevauchant un lion et détruisant le démon Mahisha qui menaçait de déposséder les dieux. Au cours des guerres entre princes hindous, les images et les autels de Durgâ étaient oints du sang des prisonniers de guerre pour étancher la soif de la déesse.

Un âge d'or de la femme

Le Rêve, *peint par Henri Rousseau juste avant sa mort en 1910. Le peintre expliquait son œuvre en disant que la femme allongée sur le sofa s'était endormie et rêvait qu'elle avait été transportée dans une utopie ancienne et naturelle.*

L'idée d'un « divin féminin » éveilla un grand intérêt, car elle pouvait permettre de revaloriser la situation des femmes dans les sociétés contemporaines. De nombreuses féministes occidentales accueillirent favorablement la théorie selon laquelle il aurait existé des sociétés basées sur un culte à une Déesse. Selon les mouvements contemporains dédiés à cette Déesse, ces sociétés gynécocratiques ignoraient l'esprit de conquête et de domination, et mettaient tout particulièrement l'accent sur les relations pacifiques et le développement artistique.

Ces affirmations semblent avoir été alimentées par la découverte de la civilisation de Çatal Hüyük (cf. p. 14) ; James Mellaart, son découvreur, en parlait comme d'une « supernova au milieu de la galaxie sans éclat des cultures paysannes qui lui étaient contemporaines ». Elle fleurit entre 7000 et 5000 av. J.-C., favorisant les arts et l'artisanat. Ses habitations et ses sanctuaires – apparemment dédiés à une déesse suprême – sont imbriqués et superposés selon un plan sophistiqué. On ne trouve pas trace de constructions défensives et les cent cinquante peintures découvertes dans la zone fouillée ne représentent aucune scène de violence. Quant aux survivances mythologiques de la région, elles ont conservé le souvenir d'un mode de vie agraire, paisible et pacifique.

Les mouvements contemporains dédiés à la Déesse considèrent le néolithique comme un âge d'or peuplé de gynécocraties basées sur le culte d'une Déesse universelle, qui dura plusieurs millénaires avant de céder progressivement sous les coups des Indo-Européens. La Déesse continua d'être l'objet d'un culte dans de nombreuses cultures, mais de façon moins exclusive et moins importante. Après le triomphe du christianisme, la Déesse aurait survécu en Europe dans des cultes qualifiés de sorcellerie (cf. p. 152-153), en butte aux persécutions et à la chasse aux sorcières. Pour les adoratrices modernes de la Déesse, c'est l'usurpation de son trône par l'homme qui est la cause du marasme social actuel. L'âge d'or passé est utilisé comme nécessaire modèle du futur, tentative pour éviter le cataclysme en recréant un monde sans conflits et soucieux des équilibres écologiques.

Le culte de la Déesse unira les femmes et les conduira à créer une société moins matérialiste où les divers peuples pourront coexister pacifiquement. En Amérique du Nord, où les mouvements contemporains dédiés à la Déesse sont le plus puissants, les mythes amérindiens servent à illustrer ce que pourrait être une société dans laquelle la femme serait la pourvoyeuse de vie et de nourriture, le groupe social et la terre sur laquelle il vit formant un tout, et le bien de la communauté primant sur la volonté individuelle.

Même si cet âge d'or a bien existé, les critiques des idéologies qui en dérivent soulignent que les sociétés matriarcales ne font que remplacer la domination d'un sexe par celle du sexe opposé, et qu'il n'est pas du tout certain qu'une civilisation basée sur un culte à la Déesse apporterait davantage de paix et de bonheur au monde. Dans des pays comme l'Inde, où des cultes à la Déesse ont perduré depuis des millénaires, les femmes se voient rarement accorder un statut compatible avec l'adulation d'un « divin féminin ».

LA PREMIÈRE MÈRE

Selon les Indiens Penobscots, Première Femme accueillit le Grand Esprit et Premier Homme en ces termes : « Enfants, je suis venue habiter avec vous et vous apporter l'amour. » Lorsqu'elle eut peuplé le monde, une famine survint. Voyant ses enfants malheureux, elle demanda à son époux de la dépecer et de traîner les morceaux tout autour d'une clairière, avant d'ensevelir ses os au milieu. Sept mois plus tard, comme Première Femme l'avait promis, la clairière était couverte de maïs dont ses enfants se rassasièrent. Elle leur expliqua que le maïs était sa chair, et qu'ils devaient chaque année en réensevelir une partie afin qu'il puisse se perpétuer. Quant aux os de Première Femme, ils produisirent le tabac, symbole de paix pour les Amérindiens.

Pour les mouvements contemporains dédiés à la Déesse, ce mythe démontre la prééminence de la divinité féminine ; sa réincarnation sous forme de maïs et de tabac illustre le principe de régénération inhérent aux mystères de la Déesse (cf. p. 70-71), ainsi que la valeur sociale de l'altruisme.

Le thème de la Déesse traînée autour d'un terrain se retrouve chez les Celtes d'Allemagne ainsi que dans le culte de Cybèle.

L'archétype de la Grande Mère

L'importance de la Déesse en tant que symbole de la maternité peut être examinée à la lumière des théories du psychiatre et psychologue suisse, Carl Gustav Jung (1875-1961). Selon la conception jungienne, la déesse mère, en tant que créatrice surnaturelle du monde, est un concept inné, en partie parce que l'expérience primordiale de tout individu est la vie intra-utérine. Cette idée prénatale se renforce après la naissance, lorsque la mère nourrit son enfant, et que celui-ci dépend totalement d'elle pour son confort et sa sécurité.

À ce stade, l'enfant perçoit sa mère comme un être « terrifiant » et d'essence quasi divine, dont le moindre agissement prend une importance écrasante ; et il la dédouble en une « bonne mère » qui donne et protège, et une « mauvaise mère » qui menace et punit.

Puis l'enfant grandit et perçoit sa mère comme un être indivisible mais ambivalent : à la fois bienfaisant et malfaisant.

Ce processus infantile se retrouve dans les récits de l'origine du monde, laquelle est souvent décrite comme la conscience émergeant d'un chaos supposé renfermer la totalité de toutes les potentialités, et symbolisé très souvent par l'Ouroboros, le serpent qui engoule sa propre queue. Le cercle ainsi formé renferme des paires d'éléments apparemment contradictoires et, à l'origine, indistincts : masculin et féminin, conscient et inconscient, création et destruction, etc.

Tout d'abord, ceux-ci ne sont pas séparables les uns des autres, puis de cette totalité chaotique naissent des entités distinctes que l'esprit humain classe en bonnes et mauvaises (et masculines et féminines). Mais si la pensée mythologique, à l'image de celle du très jeune enfant, crée de bonnes mères – Sophia, la Vierge Marie – et de mauvaises – les Gorgones à la chevelure serpentine, et dont le regard pétrifie, mais aussi Sekhmet (Égypte) et Anat (Sémites de Mari et Ougarit) assoiffées de sang – elle est également capable de créer d'autres figures, plus ambivalentes, telles Héra et Aphrodite (Grèce), Kâli (Inde), Mélusine (France) et Hine-nui-te-po (Océanie). Cette tendance de la Déesse à représenter des contraires complémen-

Blanche-Neige et les sept nains, *le film de Walt Disney, abonde en symboles de la Déesse : la méchante vieille sorcière, la bonne vierge, la pomme (sucrée et empoisonnée à la fois), etc.*

JUNG ET LES ARCHÉTYPES

Jung pensait que sa « théorie des archétypes » était importante pour l'étude de la psychologie religieuse. Selon cette théorie, l'inconscient étudié par Freud se subdiviserait en inconscient individuel et en inconscient collectif. Le premier est le produit, toujours changeant, de notre expérience personnelle qui remonte à la vie intra-utérine ; le second se compose d'une mémoire innée et d'une expérience historique héritée de nos ancêtres.

L'inconscient collectif s'exprime à travers toute une série de symboles ou « modèles instinctifs » appelés « archétypes », qui deviennent conscients à travers les rêves, certaines images et certains mots, ou encore les espoirs d'un peuple particulier. Un enfant a des idées préconçues sur ce que doivent être une mère, un père ou un professeur ; des idées qui peuvent être irréalistes et se modifieront au cours de son développement. Le premier, le plus fort et le plus durable de tous les archétypes est celui de la Grande Mère, représentée sous la forme de la Déesse omnipotente.

Cette figuration de la fertilité (VIe millénaire av. J.-C.) et cette sculpture de Henry Moore (1976), Grande Figure debout : fil du couteau *(à droite) sont deux maillons d'une tradition ininterrompue qui remonte au paléolithique et représente l'archétype de la mère, de façon monumentale et souvent effrayante.*

taires (céleste et chtonien, création et destruction, sécurité et danger, etc.) est habituellement symbolisée par des images circulaires qui rappellent l'Ouroboros. Ainsi, la face de la lune qui, durant un mois lunaire, passe d'un fin croissant à la plénitude, et de l'obscurité à la clarté (et vice versa) est un symbole universel de la Déesse. La pomme est également communément associée à la Grande Mère ; elle est l'un des attributs de Vénus et des Grâces, et la tradition – si ce n'est les Écritures – en a fait le fruit qu'Ève (dont le nom dérive de l'expression « notre mère à tous ») cueille sur l'arbre du bien et du mal et partage avec Adam.

Dans son ouvrage publié en 1963, *The Great Mother : An Analysis of the Archetype*, l'érudit jungien Erich Neumann se livre à une étude approfondie, et qui a fait école, de divers symboles maternels. Il en conclut que les œuvres d'art religieux les plus anciennes sont « des figurations de la Grande Déesse solitaire, des images paléolithiques de la Mère, alors qu'il n'y avait pas encore de Père, sur la terre comme au ciel ».

Conflits et survivances

Si les objets préhistoriques semblent suggérer l'existence d'un culte à la Déesse (et celle des sociétés gynécocratiques qui l'auraient célébré), l'archéologie traditionnelle ne permet pas de connaître la signification que ces objets pouvaient revêtir aux yeux de ceux qui les ont créés. Afin d'étudier les croyances des anciennes cultures, il est nécessaire de se livrer à une autre forme d'archéologie : celle des mythes.

Les récits mythologiques des sociétés les plus anciennes contiennent les vestiges de systèmes de croyances plus archaïques encore. Nombre de ces récits décrivent un affrontement primordial entre puissances masculines et féminines, mais on peut se demander si ces conflits mythiques sont des survivances, codées, de faits réels, ou bien s'ils ont été inventés par les hommes pour expliquer (ou justifier) leur domination, ou encore s'ils sont l'expression archétypique de la différence entre les sexes. Quoi qu'il en soit, les hommes n'ont pas réussi à contrôler totalement le domaine religieux. Calomnié, mis hors la loi, le culte de la Déesse a survécu malgré tout jusqu'à nos jours, souvent par des moyens détournés et surprenants.

Les danses sacrées du Kerala (Inde) sont une tradition qui remonte peut-être au Natya Shastra, un texte sacré datant des premiers siècles de l'ère chrétienne, qui a édicté les lois régissant les danses sacrées. Seuls les hommes y participent. Plusieurs d'entre eux jouent non seulement le rôle d'une déesse mais sont possédés par elle. Ce danseur est habillé comme l'un des avatars de la déesse guerrière Durgâ, et possédé par elle.

Un équilibre changeant

Histoire de Tiamat et Marduk (bas-relief assyrien, vers 900 av. J.-C.) ; peut-être le premier exemple de « politique sacerdotale », les divinités d'une culture vaincue devenant les démons de la culture victorieuse.

Destruction d'un monstre serpentin par un héros (illustration d'un manuscrit islandais du XIVe siècle). Cet acte mythique, quasi universel, symbolise le triomphe de la lumière (et de la masculinité) sur les ténèbres (et la féminité).

Nombre de mythologies des cinq continents parlent d'une appropriation par les hommes de pouvoirs appartenant originellement aux femmes. Ainsi, des objets sacrés utilisés exclusivement par les hommes (flûtes des Indiens Xinguanos d'Amazonie ou des Kuma de Nouvelle-Guinée ; planchettes ronflantes, ou rhombes, des Indiens Navajos ou des Aborigènes d'Australie) auraient été primitivement la propriété des femmes jusqu'à ce qu'ils leur soient dérobés par force ou par ruse. De tels mythes pourraient être des expressions archétypiques de l'affrontement entre les sexes. Cette conception s'appuie sur la façon dont beaucoup de sociétés divisent le monde en éléments masculins et féminins : soleil et lune, dieux et déesses, endroits réservés aux hommes ou aux femmes dans la maison et le village, etc.

Il est aussi possible que ces récits décrivent, de façon allégorique, des événements historiques. Cette hypothèse est difficile à démontrer de façon décisive, car elle repose sur l'interprétation des mythes, le déchiffrement des textes anciens, ou les fouilles archéologiques de sites appartenant à des cultures qui n'ont pas laissé de documents écrits. Néanmoins, les preuves disponibles viennent à l'appui de l'opinion soutenue par les mouvements contemporains dédiés à la Déesse, selon laquelle des sociétés patriarcales, adorant des divinités masculines, auraient mis fin à un âge d'or qui rendait un culte à la Déesse (cf. p.16-17).

La mythologie d'une région donnée reproduit fréquemment les bouleversements politiques que cette région a subis. Les cités-États de Sumer, situées dans une plaine alluviale ouverte aux invasions, étaient perpétuellement en conflit. La structure du panthéon sumérien et l'importance relative des différentes divinités changeaient constamment, reflétant fidèlement les péripéties de la lutte pour la suprématie. Vers 1700 av. J.-C., Babylone, dont la divinité tutélaire était le dieu Marduk, prit le contrôle de la région ; le récit de la victoire de Marduk sur la déesse Tiamat (cf. p. 47) fut désormais conté à chaque équinoxe de printemps.

DÉSIR SEXUEL, CONQUÊTE ET VIOL DES CULTURES VAINCUES

Les conquérants ont toujours violé les femmes des pays conquis et, jadis, ils contaient comment leurs dieux avaient abusé des déesses des vaincus. Le viol est le symbole de la domination, et contraindre par la force la mère divine d'un peuple était la meilleure façon d'affaiblir l'identité nationale de ce peuple. Parfois, les dieux des envahisseurs abusaient des filles des rois des pays envahis. Ainsi, Zeus féconde Danaé, princesse d'Argos, Léda, princesse spartiate, Antiope, princesse de Thèbes, etc. (et Héra, son épouse jalouse, choisit souvent de se venger des victimes des viols plutôt que de son époux infidèle). En agissant de cette façon, Zeus devient le père de nombreuses nations du monde grec, et légitime des dynasties en place en les marquant de son empreinte génétique.

Ces mythes de conquêtes sexuelles semblent révélateurs d'une peur (ou d'une envie) éprouvée devant le pouvoir procréateur de la femme. De même que d'innombrables autres mythes traitant du triomphe des hommes sur les femmes, ils s'efforcent d'expliquer pourquoi certains pouvoirs politiques et sociaux sont principalement dans les mains des hommes ; mais suggèrent du même coup, et paradoxalement, que ces pouvoirs appartenaient bien, à l'origine, aux femmes, et que la domination conquise par les hommes n'est qu'un substitut symbolique (et peut-être inadéquat) du pouvoir procréateur de la femme.

Dans le rite féminin des Pitjantjatjaras (Australie centrale), dont les détails sont toujours cachés aux hommes, le viol d'une ancêtre est le prélude à un simulacre de vengeance qui consiste à émasculer symboliquement le responsable. Dans ces cérémonies, le rôle de l'homme est toujours tenu par une femme stérile.

Kalwadi, l'ancêtre des premiers Australiens, est un bon exemple d'une déité féminine dont le pouvoir procréateur fut récupéré par les hommes. Elle joue un rôle important dans les cérémonies d'initiation masculines au cours desquelles elle est supposée avaler les jeunes garçons avant de les régurgiter, transformés en hommes. L'origine de ces pratiques est expliquée par un récit mythique qui conte que Kalwadi avait une réputation de cannibale, d'ogresse qui aimait dévorer un enfant à l'occasion. Un jour qu'elle s'était laissée aller à son mauvais penchant, les hommes lui donnèrent la chasse et la tuèrent ; lorsqu'ils l'éventrèrent, ils ne trouvèrent pas l'enfant dans son estomac, mais dans son utérus, attendant de renaître. En dépit de cette preuve d'innocence, Kalwadi perdit une partie de ses pouvoirs au profit des hommes qui président désormais à des cérémonies d'initiation durant lesquelles les jeunes garçons sont ensanglantés et placés au fond d'un trou creusé dans le sol, et appelé « l'utérus de Kalwadi ».

Fresque pompéienne du Ier siècle. La légende de Zeus changé en taureau pour enlever Europe, pourrait être une rationalisation hellénique de figurations anciennes montrant une prêtresse d'Europe, déesse préhellénique, qui chevauche un taureau sacrificiel.

L'Inde

L'Inde est probablement la seule région du monde où l'importance de la Déesse s'est accrue de façon significative au cours des siècles. Les Veda, premiers textes sacrés de l'hindouisme, furent écrits entre 1500 et 1000 av. J.-C. ; ce ne sont pas des recueils de mythes mais des corpus d'hymnes rituels accompagnés de gloses philosophiques ; toutefois, on peut y glaner des informations concernant un panthéon, relativement limité, de trente-trois divinités ; la plus importante étant Indra, guerrier et roi, celui qui brandit les éclairs, suivi de près par Agni, dieu du feu.

Les déesses qui apparaissent dans les Veda ne sont que des personnages secondaires. Sacî, épouse d'Indra, est rarement citée, et habituellement sous le nom d'Indranî (féminisation du nom de son époux). La Sarasvatî des Veda, simple divinité d'un fleuve, n'a rien de commun avec la Sarasvatî de l'hindouisme moderne, déesse populaire des arts, de la connaissance et de la parole. Les personnages féminins des Veda sont soit des victimes (comme Diti dont Indra pénétra l'utérus afin de supprimer un fœtus qui risquait, en venant à terme, de représenter une menace pour lui), soit des parentes effacées, soit des représentantes des dieux (telle Saramâ, la messagère, décrite parfois comme une sorcière, et qui fut envoyée par Indra récupérer du bétail volé par les démons).

La civilisation prévédique de l'Indus, ou de Mohenjo-Dâro, a livré de nombreuses représentations de déesses, mais qui semblent n'avoir été principalement que des symboles de fertilité ; si ces déesses survécurent aux invasions ariennes, c'est en devenant des divinités fluviales, ou d'autres déités mineures du même genre. En revanche, l'hindouisme plus récent a vu fleurir l'idée de Mahâdevî – la Grande Déesse – dont la première mention date du Ve siècle. et figure dans le texte ancien appelé *Devî-mâhâtmya* (Glorification de la Déesse) qui contient des hymnes toujours très populaires de nos jours. À cette époque, le panthéon hindou comptait plus de 300 millions de déités, mais celles-ci n'étaient que les multiples aspects de la *trimurtî*, trinité brahmanique formée de Visnu, Siva (deux figures mineures des Veda), et du nouveau venu : Brahma.

Divinité féminine (dynastie Pâla, xe siècle) provenant de Nâlandâ (dans le Bihâr, où le Bouddha vécut et prêcha).

La *trimurtî* était encore uniquement masculine, mais au VIIIe siècle, Brahma s'était déjà effacé (il n'a plus aujourd'hui qu'un seul temple important en Inde) et La Trinité céda la place à « six chemins » : Visnu, Siva, Sûrya (le soleil védique), Kârttikeya (ou Skanda), Ganesa et Devî (la Déesse).

Aujourd'hui, seuls Visnu, Siva et Devî sont encore considérés comme des divinités suprêmes panhindoues, et les trois formes principales de l'hindouisme sont appelées *vaisnava* (culte de Visnu), *saiva* (culte de Siva) et *sakta* (culte de Sakti, un des avatars de Devî, dont la signification est « énergie féminine » (cf. p.156-157).

Comme toutes les divinités hindoues, Devî se présente sous diverses formes qui vont de Pârvatî, l'épouse aimante, à Kâlî, la porteuse de mort. Quelques-unes d'entre elles, parfois légèrement déguisées, se retrouvèrent dans le bouddhisme, transformées en *bodhisattvas,* ou divinités salvatrices. Sous cette forme, elles furent transportées à travers toute l'Asie par les missionnaires bouddhistes, puis évoluèrent en une multitude de divinités locales.

Fête de Gangaur (Râjasthân). Ces jeunes filles portent sur la tête des récipients qui en font symboliquement des « réceptacles » de la déesse Gauri (autre nom de Pârvatî). Cette fête locale n'est qu'une des occasions entre mille offertes aux hindoues de célébrer la Déesse ouvertement et non de façon déguisée comme dans le reste du monde (cf. p. 40-41).

COMPÉTITION ET SÉDUCTION

Le nombre de récits dans lesquels des avatars hindous de la Déesse affrontent des divinités masculines ou des démons est révélateur de la tension existant, en Inde, entre hommes et femmes, mais aussi du fossé qui sépare le rôle de la femme dans la mythologie hindoue de son statut au sein de la société hindoue contemporaine. Ces récits sont souvent ambigus : lorsque Kâlî défie Siva, ils décident de disputer un concours de danse finalement remporté par Siva parce que Kâlî est trop pudique pour oser sauter aussi haut que lui. La déesse vaincue fait preuve des vertus traditionnelles de la femme hindoue : retenue et soumission, et accepte de rendre un culte à Siva. Au contraire, dans les représentations populaires, Kâlî est loin d'être soumise, et danse souvent sur le cadavre de Siva.

Même lorsque l'attitude de la Déesse est ouvertement violente, il peut exister des sous-entendus érotiques. Dans une légende, la divinité féminine du Gange menace de s'abattre sur Siva et de l'écraser jusqu'à le mêler à ses eaux. Dans certaines versions de la lutte de la déesse Durgâ contre Mahisha, le démon-buffle (cf. p. 15), celui-ci lui propose le mariage et lorsqu'elle répond par de terribles menaces, il les interprète comme des insinuations d'ordre sexuel, des métaphores de la « joute amoureuse ».

L'Océanie

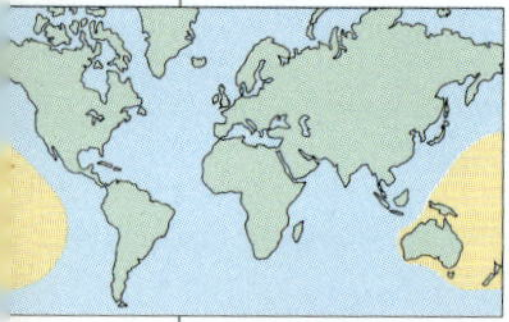

Le mythe cosmogonique du ciel père et de la terre mère se retrouve dans toute la Polynésie, mais l'importance relative des deux protagonistes de la création varie considérablement d'une île à l'autre.

À Hawaï, Papa, la terre mère, est vénérée en tant que mère de Pele, la déesse volcan, redoutée et révérée ; mais elle est aussi, sous le nom de Haumea, la patronne de l'enfantement et de l'agriculture. Autrefois, les Hawaïens vouaient un culte aux formations rocheuses évoquant l'association des parties génitales féminines et masculines, comme si elles étaient des représentations du couple divin primordial ; et la complémentarité masculin/féminin est au centre de la pensée religieuse traditionnelle hawaïenne.

Au contraire, les Maoris de Nouvelle-Zélande considèrent que l'homme est *tapu* (sacré, tabou) et la femme *noa* (profane). Même si Rangi, le ciel, et Papa, la terre, sont les premiers parents, ils jouent un rôle effacé dans le processus de création dont le principal acteur est leur fils Tane (Kane à Hawaï) qui les force à se séparer afin que leurs enfants aient la place de bouger et que la lumière éclaire le monde. Tane fixe le soleil, la lune et les étoiles sur son père et, en quête d'une épouse, s'accouple avec des êtres étranges, créant les plantes et les animaux, avant de se façonner une compagne avec de la terre. Le rôle de la femme dans les mythes de création maoris est, au mieux, ambivalent, et parfois totalement négatif. La fille de Tane et de Hine-ahu-one (« Femme-façonnée-avec-de-la-terre ») est appelée Hine-nui-te-po (« Femme grande-la-nuit ») ; on l'accuse d'avoir introduit la mort dans le monde (cf. p. 86-87), et la tombe qui reçoit le défunt est assimilée à sa bouche. Dans un autre mythe maori, Maui, le héros farceur, tente de dérober l'immortalité à Hine-nui-te-po en pénétrant en elle par son vagin ; mais l'un des oiseaux qui l'accompagnent éclate de rire ; la déesse se réveille, contracte son vagin, et Maui meurt étouffé.

Sculpture maori du XVIIIe siècle représentant probablement Maui grimpant dans le vagin de Hine-nui-te-po. Il fut tué par la contraction du vagin aux lèvres de silex qui lançaient des éclairs.

Bien que Maui soit un héros masculin, son nom, qui signifie « gauche », le met en rapport avec le côté *noa* du corps. C'est un fauteur de troubles, et même celles de ses farces qui bénéficient à l'humanité violent les lois du *tapu.* De plus, chacune de ses actions bénéfiques est en relation avec une aïeule (parfois non spécifiée). Par exemple, le feu que Maui apporte à l'humanité se trouvait sous les ongles de Mahuika ; lorsque Maui va à la pêche et tire du fond de la mer une moitié de la Nouvelle-Zélande, l'île du Nord, l'hameçon qu'il utilise

TOTEMS AUSTRALIENS

Kangourou totem (côte ouest de la Terre d'Arnhem, Nord de l'Australie).

Selon la mythologie des Aborigènes, la création doit être réinterprétée perpétuellement, faute de quoi le monde dépérirait. Lors de certaines cérémonies, les Aborigènes représentent donc les exploits de leurs ancêtres totémiques qui vivaient dans le « temps mythique du rêve » et voyageaient à travers l'Australie, créant rochers, plantes, animaux et êtres humains. Une moitié de ces cérémonies est « l'affaire des hommes », l'autre « l'affaire des femmes ». Celles-ci se préoccupent de la perpétuation de la vie physique et de la santé, tandis que ceux-là ne sont concernés que par la perpétuation des « esprits ».

Les ancêtres totémiques des Aborigènes ont laissé derrière eux, à certains endroits, des esprits, et lorsqu'une femme est enceinte, c'est qu'elle a été pénétrée par l'un d'eux. Ainsi, par l'intermédiaire de cérémonies destinées à maintenir le stock d'esprits, les hommes revendiquent un rôle dans la reproduction. Le lieu de la fécondation détermine les totems de l'enfant à naître. Parfois c'est le privilège de la mère d'annoncer l'endroit où elle a été fécondée, mais d'autres fois, le « père » a la révélation de ce lieu en rêve.

a été taillé dans la mâchoire d'une autre aïeule, et possède des pouvoirs magiques (les hameçons fabriqués à partir d'os humains étaient tabous).

Dans la plupart des mythes polynésiens, les héros ne triomphent qu'avec l'aide de sorcières qui n'hésitent pas à désobéir aux règles. Dans la vie quotidienne, les Maoris sont fortement contraints par les tabous ; ainsi, leurs femmes bénéficient d'une plus grande liberté sexuelle qu'eux, mais doivent porter tous les fardeaux, car cela est interdit au sexe masculin.

Pendant que les Maoris érigent une maison de réunion, leurs femmes doivent se tenir à l'écart afin de ne pas profaner la construction ; mais, une fois terminée, cette même maison de réunion se trouve être dangereusement occupée par des forces sacrées, et une partie du *tapu* doit être éloignée en laissant pénétrer dans les lieux une femme de haut rang (jadis, celle-ci devait marcher sur le toit).

Une femme capable d'éloigner l'excédent de *tapu* est une *ruahine*, et la première *ruahine* aurait été Hine-te-iwaiwa, la très ancienne aïeule, une figuration archétypique de la mère, et l'une des rares déités féminines de la mythologie polynésienne à avoir entrepris sa propre quête, même si c'était pour trouver un mari.

Les Amériques

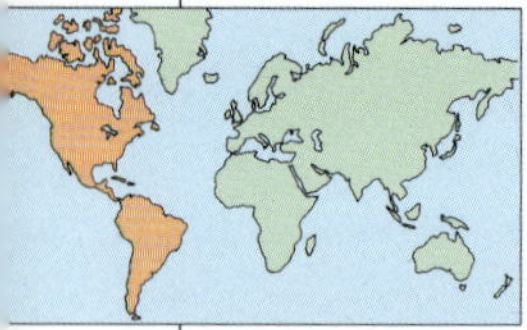

Les conquistadores espagnols du XVIe siècle détruisirent deux grands empires, celui des Aztèques, au Mexique, et celui des Incas, dans les Andes. Ils interprétèrent les mythologies de ces deux cultures à la lumière de leur propre pensée religieuse, et affirmèrent que les peuples conquis pratiquaient des formes primitives du culte de la Trinité et du culte des saints. Ils permirent ainsi, bien involontairement, la survivance de certaines divinités autochtones toujours vénérées aujourd'hui sous le nom des saintes et des saints qui leur ressemblent le plus.

Contre toute attente, les déesses ont bénéficié de ce processus plus largement que les dieux. Le meilleur exemple est la Vierge de Guadalupe qui serait apparue dès 1511, sous les traits d'une femme à la peau basanée, et aurait demandé, dans la langue vernaculaire (le nahuatl), qu'on lui construise une église sur les ruines d'un sanctuaire dédié autrefois à la déesse mère. Cette église, prétendument consacrée au culte marial, est devenue un des hauts lieux du syncrétisme religieux mexicain, et l'un des principaux centres de pèlerinage du pays, avec le Sacromonte et Chalma, autres pèlerinages « de substitution ».

Beaucoup d'autres déesses précolombiennes ont été christianisées, mais très peu de dieux ; pourtant, à l'époque de la conquête, le panthéon aztèque

Cette mère-maïs est l'une des très rares représentations féminines trouvées dans une kiva *(chambre cérémonielle des Indiens Pueblos où seuls les hommes étaient admis).*

CONTES DE FILEUSES

Comme beaucoup d'Amérindiens, les Pueblos (Sud-Ouest des États-Unis) ont élaboré une mythologie à dominante masculine. Par exemple, le personnage du *trickster* (décepteur, héros farceur) très répandu dans toutes les cultures nord-américaines, est invariablement considéré comme masculin alors que certaines de ses supercheries sont basées sur son aptitude magique à changer de sexe.

Toutes les études consacrées à la bisexualité rituelle et chamanique chez les Amérindiens se sont concentrées sur les travestis masculins. Le rôle des « lesbiennes cérémonielles » n'a été étudié sérieusement qu'à partir de la fin des années 1980. Les rites complexes qui accompagnent l'accouchement n'ont pas encore suffisamment retenu l'attention des chercheurs, en dépit de leurs rapports évidents avec la plupart des récits de création qui décrivent la naissance des premiers êtres vivants dans un monde préexistant, plutôt qu'une création à partir du chaos.

En travaillant à son métier à tisser, la femme navajo participe à toute une cosmogonie, car son métier est une sorte de microcosme qui lui a été offert par Homme-Araignée et sur lequel Femme-Araignée, qui tissa la toile de l'univers, lui a appris à tisser les célèbres couvertures navajos.

comptait plus de trois cents divinités, dont très peu étaient des femmes, et dans les siècles qui avaient précédé, le principe féminin avait été systématiquement dévalorisé. Considéré comme masculin, Quetzalcoatl était probablement, à l'origine, un hermaphrodite comme l'indique son nom composé du masculin quetzal (oiseau) et de coatl qui signifie à la fois « jumeau » (ce qui indique bien une double nature) et « serpent » (une créature que les Aztèques associaient au psychisme féminin).

Pachamama, la terre fertile – la plus importante déesse des Andes, antérieure aux Incas – présente elle aussi des signes d'hermaphrodisme. Dans tout le Pérou, elle se voit encore offrir des libations et des sacrifices. Même si *mama* exprime la fécondité, il ne s'agit pas spécifiquement de celle d'une mère. Le mot a aussi des connotations masculines : ainsi, les filons métallifères sont les *mama* des mines.

Pachamama est souvent désignée sous le nom de « Santa Tierra », et ses aspects bienfaisants l'apparentent à la Vierge Marie, mais elle a au moins autant d'aspects malfaisants. Elle peut être cannibale, une caractéristique qu'elle partage avec les *condenados* (des esprits féminins précolombiens qui ont survécu jusqu'à nos jours, et que l'on accuse de s'accoupler avec les hommes pour mieux sucer leur énergie vitale) et nombre de déesses amazoniennes (cf. p. 110).

Cette danseuse brésilienne représente Oshun. Divinité de la rivière du même nom au Nigeria, introduite en Amérique par des esclaves africains (Yoruba), Oshun a été transformée en Notre-Dame de la Chandeleur, au Brésil, et en la Vierge de la Charité du Cuivre, à Cuba.

L'Afrique

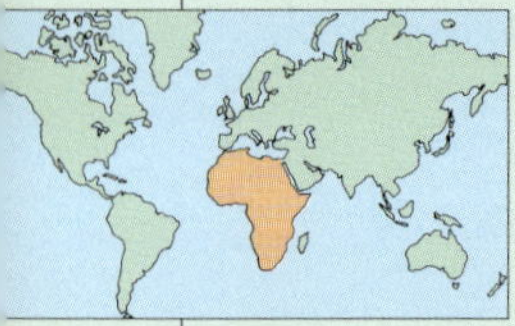

Les pays de l'Afrique d'aujourd'hui sont le résultat du découpage auquel se sont livrées les puissances coloniales sur tout le continent. Ils regroupent des ethnies que séparent des rivalités ancestrales, et leurs frontières partagent en deux de nombreux territoires traditionnels. Souvent, le seul concept religieux qui soit commun à tout un pays appartient au christianisme ou à l'islam, et a été imposé par l'occupant.

À l'opposé, certains thèmes mythiques proprement africains apparaissent, avec des variantes locales, dans les mythologies d'un grand nombre d'ethnies différentes.

Un serpent hermaphrodite, souvent vénéré sous la forme d'une déesse, et associé à l'arc-en-ciel, figure dans les récits de création des Yorubas du Bénin (Mawu-Lisa), des Bantous du sud du continent (le grand serpent python maître de la saison sèche), et des Touaregs du Sud algérien (le serpent géant Minia, dont le corps a servi à créer le monde).

Traditionnellement associé à une déesse, le thème de l'œuf primordial, dont les vibrations ont mis le monde en mouvement, se retrouve dans divers

PROPAGATION DE LA DÉESSE NOIRE

Les gravures et les peintures rupestres découvertes par Henri Lhote, en 1956, au Sahara algérien, principalement au Tassili des Ajjers, auraient entre sept mille et dix mille ans. Certaines représentent des figures féminines associées au croissant comme les déesses égyptiennes et proche-orientales. Les auteurs de ces gravures et de ces peintures pourraient avoir été influencés par les anciens Égyptiens, mais des historiens africains pensent au contraire qu'elles représentent la Déesse noire originelle dont dérivent toutes les autres.

Bien que le berceau de l'humanité se situe au nord-est de l'Afrique, les thèmes dominants qui se retrouvent dans les mythes et les rites du monde entier n'ont pu se développer avant que les hommes aient migré vers d'autres régions. Ces thèmes auraient été ensuite réintroduits en Afrique par vagues successives de migrations et de conquêtes, mais John G. Jackson soutient que les populations côtières de l'Afrique auraient compté dans leurs rangs des marins et des explorateurs accomplis qui auraient propagé une culture gynécocentrique, basée sur le culte de la Déesse, vers l'Europe, l'Asie, les Amériques et l'Océanie. D'autres historiens africains pensent que les Vierges noires que l'on voit en Europe (cf. p.122) sont les vestiges d'un temps où la Déesse était réellement noire.

Plus récemment, les esclaves africains ont introduit en Amérique les divinités (Oshun, Oya, Shango, etc.) ainsi que les cultes de possession de l'Afrique de l'Ouest, des cultes célébrés par beaucoup plus de prêtresses que de prêtres.

Au Nigeria, Oya, divinité du fleuve Niger, est célébrée par une de ses prêtresses.

Statuette cérémonielle (XIXe-XXe siècle) promenée par les adorateurs de Shango, dieu yoruba (Nigeria) du tonnerre et des éclairs qui reçut ses pouvoirs d'Oya, son épouse

récits de création, des Dogons du Mali aux Lungus de Zambie. Chez les Dogons, le monde a été peuplé à la suite de l'accouplement du dieu Amma et de la terre, dont le vagin était une fourmilière, et le clitoris une termitière. À la première tentative d'Amma, la termitière grandit pour le repousser. Amma abattit la termitière, mais l'accouplement fut imparfait et produisit le chacal, symbole diabolique de tous les problèmes des dieux et des hommes.

La croyance selon laquelle les arbres sont sacrés et généralement féminins, est également très répandue. Pour les Ibos (Nigeria), et pour d'autres populations de l'Afrique de l'ouest, le fromager contient la déesse de la terre. Chez les Ndembus (Zambie), le *mudyi* est le symbole du lait maternel, de la sagesse des femmes, de la mort et de la perpétuation de la communauté.

Un texte de l'historien grec Diodore de Sicile, rapportant que les maris égyptiens et africains de l'antiquité devaient « obéir en tout à leurs femmes », et le fait que nombre de sociétés africaines soient matrilinéaires, ont conduit certains historiens à émettre l'hypothèse selon laquelle l'Afrique aurait été peuplée anciennement de gynécocraties. La survivance, en plein XXe siècle de communautés, très révérées, de prêtresses dédiées au culte du serpent, vient à l'appui de cette hypothèse, de même que les multiples versions de la légende sur l'origine de la royauté.

La plupart des lignées royales africaines font remonter leur origine à un héros culturel ou à un dieu, mais ces ancêtres masculins tiennent leur légitimité de leur épouse divine. Ainsi, en Angola, la geste royale des Lundas, qui date probablement du début du XVIIe siècle conte comment un chasseur errant, Tshibinda Ilunga, épousa Lueji, une princesse autochtone, descendante du serpent primordial. Lueji était stérile (la ménorragie dont elle souffre est une transposition symbolique de l'arc-en-ciel) mais, passionnément éprise de son mari, elle lui accorda de prendre une seconde épouse qui mit au monde un garçon, le fondateur de la dynastie. Dans ce cas, le mythe est destiné à légitimer la prise du pouvoir par un groupe conquérant, et la transmission du pouvoir royal par les hommes.

D'autres formes de pouvoir qui sont à présent aux mains des hommes auraient appartenues initialement aux femmes. Chez les Pendes (Zaïre), une femme est censée avoir découvert les secrets de la magie des masques utilisés lors des rites d'initiation, mais depuis des centaines d'années seuls les hommes sont autorisés à les porter.

Le triomphe d'Isis

Toutes les villes d'Égypte comptaient sur les crues du Nil pour la fertilité du sol et l'irrigation des champs. Et toutes reconnaissaient le Nil comme source de vie.

Dans l'Égypte de l'âge du bronze, la haute vallée du Nil était représentée par Nekhbet, déesse vautour, et la basse vallée par Wedjat, déesse serpent. Isis n'était alors que la divinité protectrice d'une petite ville du delta : Perehbet, mais elle finit par supplanter Wedjat, et lorsque la Haute et la Basse-Égypte furent unifiées, elle prit le pas sur Nekhbet.

Le hiéroglyphe de son nom est un trône, et elle est souvent représentée portant un trône sur sa tête. Dès la première dynastie, les pharaons se sont fait appeler « fils d'Isis » ; le trône royal était considéré comme le sein de la déesse, et le nectar que dispensait sa poitrine conférait le droit divin de régner. Une conception de la royauté que l'on retrouve dans d'autres parties de l'Afrique (cf. p. 30-31).

Il existe une légende dans laquelle Isis n'est pas présentée comme une aristocrate, mais comme une servante qui aurait obtenu des pouvoirs divins en amenant, par ruse, le dieu solaire Râ à lui révéler son nom secret. Sans doute à cause des souffrances qu'elle avait endurées à la suite de la mort d'Osiris, son mari (cf. p. 84-86), elle est souvent décrite comme une divinité sympathique et vulnérable, qui possède des qualités humaines. Elle finit par résumer et éclipser toutes les autres divinités égyptiennes.

Alexandre le Grand conquit l'Égypte en 332 av. J.-C., et lorsqu'il mourut neuf ans plus tard, Ptolémée, un de ses généraux, se proclama roi d'Égypte. Il tenta d'asseoir son nouveau pouvoir en établissant le culte de Sérapis qui mêlait des éléments grecs et égyptiens. Dans cette nouvelle religion, Isis devint la mère et l'amante de Sérapis, ce qui contribua à propager son culte dans tout le monde hellénique.

En 80 av. J.-C., son culte se répandit à Rome, et Caligula lui consacra un temple sur le Capitole onze ans plus tard. Interdit en 58 av. J.-C., à la suite d'un scandale impliquant un de ses prêtres, qui avait séduit l'épouse d'un citoyen romain, son culte fut autorisé de nouveau quinze ans plus tard, en réponse à la demande de ses nombreux fidèles.

Isis fut vénérée ouvertement au moins jusqu'au VIe siècle, date à laquelle son sanctuaire égyptien de l'île de Philae (haute vallée du Nil) fut transformé en église chrétienne. Depuis, nombre de ses attributs ont continué à être révérés dans tout le monde chrétien, car ils ont été associés à la personne de la Vierge Marie.

Isis à la coiffure solaire, portant les cornes de la déesse-vache Hathor, et allaitant Horus (statuette en bronze, entre 600 et 400 av. J.-C.)

Isis, gardienne ailée des morts (sarcophage de Ramsès III, environ 1194-1163 av. J.-C.). À l'autre extrémité du sarcophage figure Nephthys. Isis et Nephthys étaient « les deux sœurs qui parlaient d'une même voix », et dans plusieurs hymnes, elles ne font qu'une.

ISIS UNIVERSELLE

Au IIe siècle l'historien grec Plutarque décrivait Isis comme « le principe féminin de la nature [...] qui porte une quantité innombrable de noms [...] car elle peut prendre toutes sortes d'aspects et de formes ». L'écrivain nord-africain Apulée (né à l'époque de la mort de Plutarque) qui avait été initié au culte d'Isis, décrit, dans son roman intitulé *Métamorphoses* (ou *L'Âne d'or*), l'initiation d'un personnage nommé Lucius. Isis apparaît à Lucius et lui dit :

« Les Phrygiens m'appellent Pessinuntica, mère des dieux ; les Athéniens Artémis cécropienne ; pour les Cypriotes, je suis Aphrodite paphienne ; pour les Crétois, Diktynna ; pour les Siciliens, Proserpine stygienne, et pour les Éleusiniens, leur ancienne Mère du blé. Certains me connaissent sous le nom de Junon, d'autres sous ceux de Bellone des batailles, ou d'Hécate... mais Éthiopiens et Égyptiens, férus d'études anciennes, m'appellent par mon vrai nom : reine Isis. »

Isis est la transcription grecque de Esi : « Celle qui est sur le trône », c'est-à-dire la reine.

Les Celtes occidentaux

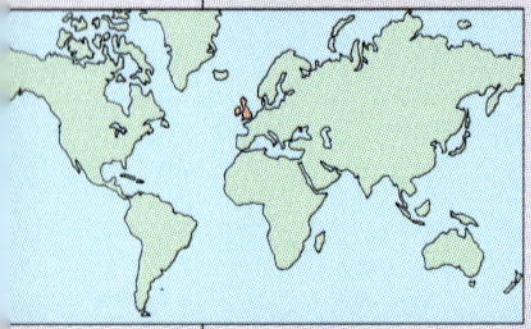

Men-an-Tol, mégalithes « masculins » et « féminin » (Crick, Cornouailles, Royaume-Uni). Selon la légende, passer par le trou de la pierre féminine équivalait à une sorte de renaissance spirituelle.

« L'histoire et la tradition s'accordent pour faire écho au grand prestige des femmes dans la société et la mythologie celtiques [...]. À l'âge héroïque de l'Irlande, Medb, la reine du Connaught, est la souveraine régnante, et son mari, Ailill, n'est rien de plus qu'un prince consort » (Myles Dillon et Nora K. Chadwick, *Les Royaumes celtiques*).

Epona, déesse « chevaline » comme la galloise Rhiannon (« la grande reine »), et les irlandaises Macha et Dechtire, était vénérée en tant que patronne des chevaux et des cavaliers, guérisseuse (en relation avec les sources), psychopompe et gardienne des morts, mais aussi protectrice du foyer et des domaines agricoles, et garante de fécondité et d'éternel renouvellement. Elle est souvent représentée tenant une patère, portant une corbeille de fruits, une corne d'abondance ou un ou deux enfants, ce qui en fait une proche parente des « Matrones », des déesses-mères dont le culte était très populaire ; mais elle se distingue de toutes les autres divinités féminines du panthéon celtique par son « célibat ».

En Irlande, la coutume voulait que les rois « épousent » la terre sur laquelle ils étaient appelés à régner (en 1310, les *Annales* enregistrent encore les épousailles de Felim O'Connor et de la province de Connaught) ; et Giraud de Barry (environ 1146-1220) décrit un rite de couronnement toujours en usage à Kenelcunnil, ville du nord de l'Ulster : l'accouplement du roi et d'une jument blanche qui est ensuite sacrifiée et mangée.

Les déesses celtiques sont parfois jumelées, parfois en triades. L'*Historia Brittonum* (IXe siècle) parle des « trois déesses qui régnaient primitivement sur l'Irlande : Fodla, Banba, Ériu » ; et les textes irlandais ont conservé la tradition de trois déesses appelées Macha : une en rapport avec la divination, une autre avec la guerre, une troisième avec la fécondité, les jumeaux et les chevaux.

Plusieurs figures féminines de la mythologie celtique ont été immortalisées par la littérature médiévale : Morrigan, ou Morrigu, appellation irlandaise de la grande reine, a survécu dans le personnage de la fée Morgane du cycle arthurien ; quant à Keridwen, autre appellation galloise de la déesse mère, son chaudron magique a été christianisé sous la forme du saint Graal. La grande déesse irlandaise Dana/Danu, ou Ana/Anu, que les Gallois appelaient Dôn, et qui apparaît sous le nom de Do dans les romans de la Table ronde, a été confondue avec sainte Anne, mère de la Sainte Vierge.

La déesse Epona est représentée assise ou à califourchon sur une jument, ou debout près de celle-ci ; ou encore assise ou debout entre deux chevaux. En Bourgogne, un poulain accompagne souvent Epona et la jument, et le groupe évoque alors le mythe de Rhiannon (la « grande reine » irlandaise) et de son fils Pryderi.

Déesse à la chouette (l'oiseau d'Athéna-Minerve) et au cygne (symbole de métamorphose), trouvée à Kerguilly-en-Dinéault (Finistère). Peut-être une représentation de la « Minerve celtique », appelée Belisama en Gaule et Brigit en Irlande.

ROMANISATION ET CHRISTIANISATION

Jules César affirme que les Gaulois n'avaient qu'une seule déesse importante qu'il assimile à Minerve.

Après la conquête, nombre de divinités celtiques furent romanisées. Un des aspects de Brigit, triple déesse vénérée en Irlande, en Grande-Bretagne et en Gaule, et dont le nom est associé à des rivières, fut confondu avec Junon, reine des cieux, tandis que ses deux autres aspects (guérisseuse et patronne des artisans du métal) furent « syncrétisés » avec Minerve.

Son culte étant trop populaire pour être éradiqué, Brigit fut par la suite christianisée en sainte Brigit, fondatrice légendaire d'un monastère à Kildare (Irlande) vers la fin du ve siècle, fêtée le 1er février, premier jour du printemps celtique (Imbolc), et associée à des rites de fertilité. Brigit ayant été la reine des cieux, sainte Brigit finit par être identifiée à la Vierge Marie.

Rome et le christianisme

Tête de Cybèle (Rome, IIe siècle. av. J.-C.). La première figuration de la déesse apportée à Rome ne fut pas une statue mais une simple pierre noire.

Vesta, la plus ancienne déesse des Romains, était vénérée sous la forme d'une flamme entretenue perpétuellement par six vierges sacrées, les Vestales. Elle était « pour ainsi dire, le foyer de la cité » et, plus tard, celui de l'empire.

Rome était avide de divinités étrangères. Vénus, proche parente de l'Aphrodite grecque, est souvent considérée comme la déesse de l'amour, mais elle avait toutes les fonctions d'une grande déesse, y compris celles de mère et de porteuse de mort. Elle était la mère d'Énée, l'ancêtre mythique de Romulus, fondateur de Rome, et donc la patronne de la cité. Cérès, version romaine de Déméter, la terre mère des Grecs, était parfois appelée Ceres Legifera, car ses prêtresses auraient été à l'origine des lois romaines. En 204 av. J.-C., le culte de Cybèle fut introduit à Rome, après que la sibylle de Cumes eut prophétisé que la présence d'une figuration de la déesse se trouvant au mont Ida (Phrygie, ouest de la Turquie actuelle) serait le seul moyen de mettre un terme aux conquêtes d'Hannibal. La déesse apparut à Attale Ier, roi de Pergame, afin de lui faire savoir que tel était bien son désir. Hannibal fut vaincu et repassa les Alpes l'année suivante.

Auguste, premier empereur romain, décréta que Cybèle serait désormais la divinité suprême de l'empire (la *Magna Mater*, mère de tous les dieux) et que Livia, son épouse, était l'incarnation terrestre de la déesse. Cybèle fut vilipendée par les premiers chrétiens, mais un ancien prêtre de la déesse, converti au christianisme, un Phrygien nommé Montanus, fonda, au IIe siècle, une secte chrétienne dissidente dont les membres identifiaient Jésus à Attis, fils de Cybèle. L'hérésie montaniste dura jusqu'au VIIIe siècle.

D'autres cultes de déesses étrangères – Isis, Hécate ou Déméter – fleurirent à côté de celui de Cybèle. Le qualificatif de *Magna Dea* fut accolé sans discrimination à toutes les grandes déesses vénérées aux quatre coins de l'empire, et certains ont émis l'hypothèse selon laquelle les Romains étaient sur le point d'élaborer un monothéisme féminin universel, mais en furent empêchés par l'avènement de deux religions monothéistes masculines : le mithracisme et le christianisme.

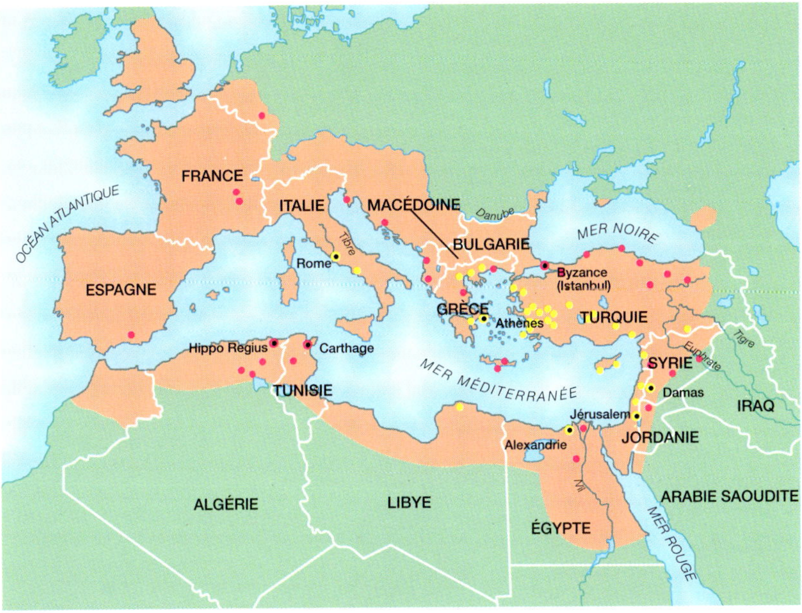

L'Empire romain à l'époque du premier empereur chrétien, Constantin Ier (vers 284-337), superposée à une carte de l'Europe, de l'Afrique du Nord et du Proche-Orient d'aujourd'hui.

Communautés chrétiennes importantes à la fin du Ier siècle.

Communautés chrétiennes importantes sous Constantin Ier.

Villes importantes pour l'histoire des débuts du christianisme et du déclin du paganisme.

CHRISTIANISME ET PAGANISME

En 313, par l'édit de Milan, l'empereur Constantin Ier, le Grand, fit du christianisme la religion de l'Empire romain ; mais les persécutions contre les païens ne commencèrent qu'après sa mort.

Impatient de substituer son propre calendrier à ceux du paganisme, le christianisme triomphant tenta de récupérer à son profit les fêtes et les festivités les plus populaires célébrées à Rome, en s'efforçant, souvent sans succès, de les vider de leur contenu païen. Ainsi, Noël (dont la date n'a été fixée qu'au IVe siècle) servit à remplacer les fêtes du solstice d'hiver et du soleil renaissant, les saturnales et autres rites païens tels que l'offrande d'un arbre sacré au temple de Cybèle. Quarante jours plus tard, la Chandeleur était à l'origine la fête de Juno Februa (mère de Mars) et de Proserpine/Perséphone, en l'honneur de laquelle les Romaines célébraient la fête des lumières avec cierges, torches et flambeaux. À la fin du VIIe siècle, pour donner « un but meilleur » à cette coutume, le pape Sergius Ier fixa au 2 février la fête de la purification de la Vierge, car, selon la loi juive, une femme était impure pendant quarante jours après la naissance de son fils. Quant au carême, il pourrait avoir remplacé la période de quarante jours précédant la fête de Cérès, et durant laquelle les femmes faisaient abstinence.

La Déesse et les prophètes

Lorsque les Hébreux envahirent la Terre promise de Canaan (vers 1200 av. J.-C.), ils y trouvèrent des populations sémitiques dont les religions et les mythologies étaient semblables à celles de Sumer et de Babylone. Dans la Bible (Livre de Josué), l'invasion est décrite comme une guerre sainte menée contre les fausses divinités des Cananéens, principalement Ashéra, « mère des dieux », Ashtart/Astarté et Ba'al. El, le dieu père et l'époux d'Ashéra, échappa à la vindicte des Israélites parce qu'il fut assimilé à Élohim/Iahvé.

Ashtart/Astarté : tête en albâtre (IIIe siècle av. J.-C., ci-dessus) et statuette en ivoire (IXe siècle. av. J.-C., ci-contre). Le deuxième commandement du décalogue dit : « Tu ne feras pas d'images taillées... Tu ne te prosterneras pas devant elles et tu ne les serviras pas. » Pourtant, les « chérubins » pourraient bien être des représentations d'Ashtart/Astarté. Dans la Genèse, ce sont les anges que Iahvé place à la porte orientale de l'Éden. Au temps de Moïse, des figurations de chérubins encadraient l'arche d'alliance. Lorsque Salomon fit construire le temple de Jérusalem, il demanda que leur image soit sculptée sur les murs, aux côtés des images de taureaux et de lions (symboles anciens de la Déesse).

Les envahisseurs ne purent éviter d'être influencés par les croyances locales. En particulier, ils ne furent pas épargnés par l'idée que les divinités vont généralement par couple ; mais au lieu d'être une déesse, l'épouse de Iahvé fut le peuple d'Israël, et lorsque les Israélites flirtaient avec le paganisme, leurs prêtres les accusaient de se prostituer à des divinités étrangères.

La lutte menée contre les déesses cananéennes ne connut pas un succès immédiat. À la fin de son règne – d'après le Premier Livre des Rois – Salomon, fils de David, se serait laissé entraîner à l'idolâtrie par les femmes étrangères que comptait son harem, et il aurait introduit à Jérusalem le culte d'Ashéra. Une figuration en bois de cette déesse demeura dans le temple de Salomon pendant près de trois siècles avant qu'Ézéchias, roi de Juda, ne se décide à la faire enlever. Mais ce ne fut encore que temporaire.

Les catastrophes qui s'abattaient sur les Hébreux étant habituellement attribuées à leurs faiblesses pour les idoles, l'hétérodoxie de Salomon fut considérée comme la cause de la scission qui, après sa mort, partagea Israël en deux royaumes distincts : Israël proprement dit (au nord) et Juda (au sud), deux États qui ne cessèrent de se faire la guerre jusqu'en 721 av. J.-C., date à laquelle les tribus du nord furent soumises et réduites en esclavage par les Assyriens.

Cette déportation fut imputée au fait que les enfants d'Israël avaient servi

Ba'al et fabriqué « deux veaux en fonte » et « des statues d'Ashéra ».

Ézéchias brisa les statues et abattit les idoles, mais ses successeurs eurent des attitudes diverses et parfois contrastées. Le culte de la Déesse demeura très populaire parmi le peuple, et plus particulièrement parmi les plus pauvres.

Lorsque les Hébreux de Juda furent déportés à leur tour (en Égypte, au début du VIe siècle av. J.-C.), le prophète Jérémie accusa leur idolâtrie, mais ses compatriotes lui répondirent (Livre de Jérémie, 44) : « Nous ne cesserons pas de sacrifier à la Reine du ciel, en lui versant des libations, comme nous l'avons fait, nous et nos pères, nos rois et nos chefs, dans les villes de Juda et dans les rues de Jérusalem. Nous avions alors du pain à satiété, nous étions heureux et nous ne goûtions pas le malheur. Mais depuis que nous avons cessé de sacrifier à la Reine du ciel et de lui verser des libations, nous avons manqué de tout et nous avons été décimés par l'épée et par la famine. »

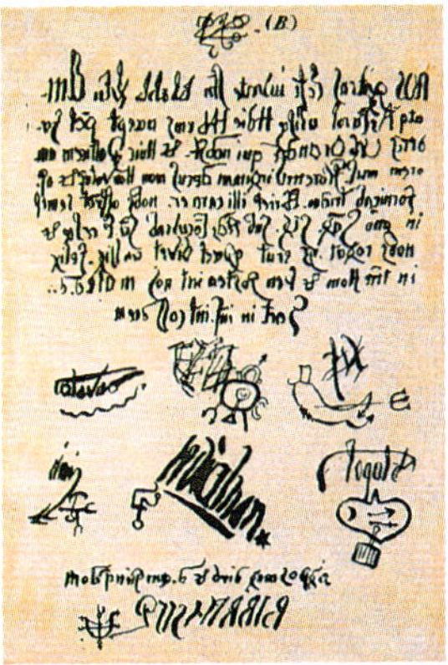

À la suite de l'affaire des ursulines possédées de Loudun, Urbain Grandier, curé de Saint-Pierre de Loudun, fut brûlé comme sorcier, en 1634. Sur le pacte qu'il avait prétendument signé avec les démons, on relève le nom d'Astaroth.

Dans les divers livres de la Bible, Ashtart/Astarté est appelée Astoreth (pluriel Astaroth), une combinaison du nom de la déesse et du mot hébreux qui signifie « honte ». Lorsque, par la suite, les théologiens chrétiens s'attaquèrent à leur tour à Ashtart/Astarté, ils la nommèrent Astaroth, la diabolisèrent et la classèrent parmi les principaux lieutenants de Satan. Ainsi, la pratique qui consistait à lui offrir de la nourriture, du vin ou des parfums devint, aux yeux de l'Église, une pratique démoniaque.

ASHÉRA, ANAT ET ASHTART/ASTARTÉ

Ashéra est mentionnée sur une inscription sumérienne (1750 av. J.-C.) qui en fait l'épouse d'Anu (nom sumérien de El, le dieu père des Cananéens). Dans les langues sémitiques, Ashéra signifie « arbre sacré » ou « pieu sacré ». Elle est souvent représentée sous la forme d'un arbre de vie, et parmi les nombreux qualificatifs qui lui sont accolés figure celui de « Génératrice des dieux » (elle en aurait enfanté soixante-dix).

Alors que la Bible cite Ashéra quarante fois, elle ne fait référence à Ashtart/Astarté qu'à neuf reprises, pourtant à partir du VIe ou Ve siècle av. J.-C., la seconde supplanta la première. Il est difficile de déterminer si Ashtart/Astarté doit être considérée comme la fille ou seulement comme l'un des divers aspects d'Ashéra, ou encore comme un doublet d'Anat, autre fille possible d'Ashéra, non mentionnée par la Bible. Anat et Ashtart/Astarté sont qualifiées toutes les deux de « reine du ciel » ; l'une est la parèdre de Ba'al, l'autre celle d'Adonis ; or Ba'al et Adôn sont des synonymes interchangeables ; enfin, les récits mythiques gravés sur les tablettes trouvées à Ras-Shamra (site de l'antique cité d'Ougarit) parlent d'une déesse appelée indifféremment Ashtart ou Anat.

Fêtes en l'honneur de la Déesse

La première dont nous ayons conservé une trace écrite célébrait le mariage annuel du roi de Sumer et d'une prêtresse personnifiant la déesse Inanna. *Inanna, Dumuzi et la prospérité du palais*, un texte daté du IIe millénaire av. J.-C., se présente sous la forme d'une pièce de théâtre rituelle, avec des répliques écrites pour le personnage de la déesse Inanna, celui de Ninlil, sa mère, et un chœur. Le rôle de Dumuzi (fils et amant de la déesse), tenu par le roi, était un rôle muet, passif et tout à fait secondaire. Lors d'autres fêtes sumériennes, Dumuzi était sacrifié (chaque hiver) et ressuscité (chaque printemps) par la déesse. Parfois, le roi, ou un substitut, était tué cérémoniellement pour réactualiser le mythe.

Une fête annuelle au cours de laquelle des pleureuses portaient le deuil de Dumuzi, fut célébrée jusqu'au xe siècle dans la ville d'Harran (Cilicie, Turquie). Cette célébration printanière du fils mort, ressuscité par sa mère, a été probablement la survivance la plus tenace du culte de la Déesse en Europe et au Proche-Orient. Elle a survécu jusqu'à nos jours sous de nombreuses formes (souvent déguisées), dont la moins importante n'est certainement pas la fête chrétienne de Pâques.

La fête de Flore, déesse romaine du printemps, aurait servi de prototype aux festivités du cycle de mai qui mettent en scène la reine de Mai et le Feuillu ou Moussu, son jeune compagnon vêtu de feuillages, et sont demeurées très vivaces dans toute l'Europe rurale jusqu'aux dernières années du XIXe siècle et même, dans le domaine germanique, jusqu'au milieu du XXe siècle.

Au mois d'octobre, les femmes de la Grèce antique célébraient, hors de la présence des hommes, les Thesmophories, l'une des rares festivités de

Fête de la déesse Durgâ, à Vârânasi (Bénarès), Inde.

ÉPOUSES ET GUERRIERS

L'Inde compte plus de fêtes dédiées à la Déesse que n'importe quel autre pays, et la plupart d'entre elles célèbrent son mariage ; avec l'espoir que la magie imitative favorisera la fertilité de la terre et le bonheur conjugal des fidèles.

La fête de Teej, au Râjasthân, commémore le voyage accompli par Pârvatî pour rejoindre Siva, son époux, et marque le début de la mousson. Lors de la fête de Gangaur (Râjasthân), les femmes prient pour le bien-être de leurs « hommes » et la tradition affirme que les jeunes filles qui prennent part à la célébration en étant malheureuses, auront des maris doués d'un mauvais caractère.

La fête de la Dussehra est célébrée dans la région appelée Karnâtaka (sud-est de l'Inde) par une procession d'éléphants, dont l'un porte une statue de Pârvatî. Dans l'est de l'Inde, la fête de la Durgâpûjâ honore la Déesse sous la forme de Durgâ, la guerrière. Diwali, la fête des lampes, est habituellement dédiée à Laksmî, déesse de la prospérité et de la chance, mais dans l'ouest du Bengale, elle est consacrée à Kâlî.

Procession de Noël en Andalousie. Dans beaucoup de régions catholiques, les festivités païennes de fertilité ont été remplacées par des processions à la Vierge et aux saints.

l'Antiquité dont on ait encore gardé quelques souvenirs. Au cours de ces festivités, dédiées à la déesse mère Déméter, les femmes représentaient la descente aux Enfers de Perséphone, la fille de la déesse mère. Elles sacrifiaient à Perséphone des cochons qu'elles précipitaient dans un puits à offrandes plein de serpents, où elles jetaient également des branches de poirier et des gâteaux en forme de vulve. Au troisième jour des festivités, elles rouvraient le puits de l'année précédente, et les restes décomposés des offrandes qui y avaient été ensevelies étaient ramenés à la surface, comme Perséphone ressuscitée, et mêlés à du blé de semence pour favoriser sa végétation.

La Déesse et le cosmos

Nombre de cosmogonies placent à l'origine de toutes choses un chaos préexistant, ou un espace sombre, sans limites ni forme, désigné parfois sous le nom d'eaux primordiales. C'est ce vide que la puissance créatrice, la Déesse, s'emploie à ordonner, organisant le cosmos par la seule force de sa volonté, en fonction de sa nature intime, puis le peuplant de divinités, d'humains et d'animaux. Dans les innombrables mythes des origines, la Déesse se manifeste à travers une multitude d'éléments qui vont des corps célestes aux plantes. Elle est à la fois la Multiple qui se consacre à une seule tâche, et l'Unique, l'Immuable. La terre est son corps, un organisme vivant duquel toutes choses, organiques et inorganiques, participent.

Si le cosmos est éternel, les formes de vie qui l'habitent connaissent un cycle perpétuel de naissance et de mort. En plus de cette opposition/association entre mortalité et éternité, mort et vie, la Créatrice contient bien d'autres contraires indissociables : chaos et ordre, obscurité et lumière, stérilité et fécondité, sécheresse et humidité, etc.

Une apsaras *dansant (Sri Lanka, XVIIIe siècle). Nymphes des eaux, personnifiant souvent des rivières, les* apsaras *sont généralement réduites à l'état d'esclaves sexuelles d'un dieu ; un déguisement qui dissimule la véritable nature et l'ancienne puissance de ces êtres des eaux primordiales.*

Les trois mondes

La plupart des mythologies partagent l'univers entre le ciel (les divinités), la terre (les humains) et les profondeurs de la terre et de la mer (les morts).

Les anciens peuples connaissaient bien leur environnement et observaient le ciel, les astres et les phénomènes météorologiques, mais ils ignoraient tout du monde souterrain et du monde sous-marin qu'ils imaginaient souvent obscurs et effrayants.

Les plus anciens mythes de l'humanité, ceux de Sumer et de l'Égypte, parlent de plusieurs déesses (telles que Neith ou Ereskigal ; cf. p. 78) qui, après avoir créé les trois mondes ou avoir régné sur eux, furent détrônées par une divinité masculine et exilées aux Enfers, ou encore se virent confisquer une partie de leurs pouvoirs jusqu'à ne plus être associées qu'avec la mort et la vie après la mort.

D'autres déesses rendent visite aux Enfers, habituellement dans leur jeunesse. Ainsi, la déesse hawaïenne Hi'iaka ne craint pas d'y descendre pour libérer Lohiau, son amant, tué par Pele, la déesse-volcan (la propre sœur de Hi'iaka). Lorsque Hi'iaka parvient au centre de la Terre, elle voit que les eaux du chaos sont retenues par une porte. En l'ouvrant, elle pourrait éteindre le feu volcanique de Pele pour toujours, mais, soucieuse de l'équilibre et de la continuité du monde, elle résiste à la tentation de se venger.

À l'opposé, les dieux et les héros sont fréquemment mis en échec et humiliés par les processus de mort et de résurrection. Le dieu japonais Izanagi et l'aède mythique grec Orphée négocient tous les deux la résurrection de leur épouse morte, mais ne réussissent pas à

UN CONTINUUM

L'esprit humain tend à fragmenter et à catégoriser. Au contraire, le mythe de la Déesse nous fait concevoir la destinée humaine comme un continuum. Le corps de la Déesse, qui est le cosmos, englobe les divers états de la vie, les différents stades de l'existence. De ce point de vue, la naissance n'est pas un début, ni la mort une fin, ce ne sont que deux phases distinctes d'un même continuum.

À GAUCHE *Arches d'entrée* (torii) *du lieu saint shintô de Tako Chiba (Japon). Symboles de la vulve (yoni, cf. p. 96-97), les torii représentent le continuum vie-mort.*

Dans de nombreuses mythologies, la Déesse refuse de livrer aux hommes le secret de l'immortalité. Tandis que les femmes, faites à son image, ont la possibilité de se reproduire, les hommes n'ont apparemment pas de possibilité de survie au-delà de leur enveloppe charnelle, et sont perpétuellement tourmentés par le désir de vaincre la mort pour gagner l'immortalité.

Ceux qui sont parvenus jusqu'aux enfers et y ont accompli une période d'initiation, savent désormais que la Déesse est à la fois le sein maternel et la tombe ; que rien ne meurt mais que tout se transforme

CI-DESSUS *Valkyrie (Pendentif viking du VIe siècle). Voyageant entre les trois mondes, les déesses sont souvent psychopompes.*

remplir les conditions posées par les divinités des Enfers, et doivent finalement s'en retourner bredouilles.

L'antique épopée assyro-babylonienne de Gilgamesh décrit le voyage du héros-roi vers le pays des morts, dans un style qui l'apparente de près à celui de la déesse sumérienne Inanna (cf. p. 76-79). Mais tandis que la déesse peut passer à sa guise d'un monde à l'autre, Gilgamesh, lui, a besoin de Siduri, énigmatique déesse de la vigne, pour le guider dans son voyage. De plus, alors qu'Inanna adopte la mort et en fait une partie intégrante de son être, Gilgamesh recherche l'éternité ; mais son orgueil démesuré l'empêche de mener à bien sa quête.

La Déesse des eaux primordiales

Isis et Neith, déesse des eaux primordiales (tombe du XIIe siècle av. J.-C. ; Louxor, Égypte)

Beaucoup de mythologies conçoivent le chaos primordial comme une obscure étendue d'eau, sans limites. Parfois, le monde est créé par l'eau elle-même (qui est une déesse), d'autres fois, par une divinité créatrice coexistant avec l'eau de toute éternité.

Ce concept de l'eau créatrice, ou d'une puissance créatrice qui lui serait consubstantielle, se retrouve dans la pratique, très répandue, du baptême, à l'occasion duquel le nouvel adepte renaît à une nouvelle foi et à une nouvelle vie.

Dans le christianisme, les fonts baptismaux ont parfois été comparés à l'utérus de la Vierge Marie.

Les péripéties de la création varient d'une culture à l'autre. Au Japon, la déesse Izanami et son parèdre Izanagi créent la terre à partir des eaux primordiales avant d'engendrer leurs enfants : les astres du ciel et les éléments.

Chez les Indiens Zunis, deux déesses de l'océan créent la terre en méditant sur un arc-en-ciel, alors que chez les Yorubas (Nigeria), Yemanja, déesse des eaux, s'accouple avec le sol, son frère, et donne naissance au soleil.

Dans l'Égypte de la période prédynastique, Neith était la déesse de l'Océan et personnifiait les eaux célestes et terrestres. Déesse primordiale, elle contenait le monde et toutes les créatures vivantes. Elle était saluée comme la puissante déesse voilée de Saïs, et l'écrivain grec Plutarque la cite : « Je suis tout ce qui a été, est et sera, et aucun mortel n'a encore soulevé ma robe. » Pourtant, Neith est souvent ignorée par les études modernes consacrées à la cosmogonie égyptienne.

Fête de Yemanja, « la mère des eaux », célébrée à Salvador (Brésil). Le culte de cette divinité nigériane s'est répandu en Amérique centrale et en Amérique du Sud où elle est devenue très populaire. Au Brésil, elle est confondue avec Notre-Dame de l'Immaculée Conception ; à Cuba, avec la Virgen de Regla.

LE DRAGON

Les déesses des religions vaincues ont été transformées par les théologiens des religions victorieuses en démons, monstres, dragons ou serpents qui demeurent dans les profondeurs sombres des eaux primordiales. La première déesse à avoir subi ce sort fut probablement Tiamat. Au IIe millénaire av. J.-C., époque où l'akkadien supplanta le sumérien comme langue officielle de Sumer, Tiamat, la mère dévouée, fut transformée en un diable qui enfantait des dragons (voir ci-dessous), et Marduk, son ennemi mortel, devint du même coup le défenseur du bien auquel l'humanité devait faire allégeance.

En Égypte, Râ, le dieu solaire, combattait chaque nuit Apophis, le dragon du chaos, qui était accueilli au fond des abysses par la déesse Neith (leur mère à tous les deux). Dans le Rigveda, le plus ancien texte sacré de l'Inde, Indra mutile Vritra, le puissant dragon, et frappe à mort Danu, la mère de Vritra. De nombreuses mythologies, pas seulement indo-européennes, célèbrent la victoire du dieu ou du héros, représentant le bien, sur un monstre reptilien, figuration ou substitut de la Déesse : Gilgamesh triomphe d'Humbaba, Zeus de Typhon, Hercule de l'hydre de Lerne, Apollon de Python, Persée de la Gorgone, Thorr du serpent, etc. Les religions monothéistes ont repris à leur compte ce thème mythologique.

Saint Georges et le dragon, *de Paolo Uccello (1397-1475). À la suite de Michel et de Georges, de nombreux saints du christianisme (et quelques saintes) ont terrassé le dragon du paganisme.*

Au fur et à mesure que les mythes sont réécrits, ces déesses des eaux primordiales, qui contiennent le monde ou le créent à partir de leur être, sont souvent remplacées par des dieux créateurs d'un monde qui leur est extérieur.

Dans l'*Enuma elis*, poème babylonien en langue akkadienne écrit vers 1750 av. J.-C., la génitrice Tiamat (les eaux salées et superficielles) et son parèdre, le primordial Apsu (les eaux douces du sous-sol) mêlent « leurs eaux en un seul tout » et procréent des dieux qui demeurent dans le sein de leur mère et luttent pour la suprématie jusqu'à ce que leur père décide de les éliminer. Avertis, les dieux prennent les devants et Éa, l'un d'eux, tue Apsu et prend sa place. Afin de venger son époux, Tiamat enfante une nouvelle portée de dragons rugissants, mais Marduk, fils d'Éa, la frappe à l'estomac et fend son utérus en deux. Et enfin, il utilise son corps démembré pour refaire le monde à sa façon.

Esprit de la rivière (panneau d'un temple balinais, XXe siècle)

La Déesse des cours d'eau

Dans l'ancien monde, les rivières et les fleuves, dispensateurs de vie et de prospérité, étaient souvent assimilés à des déesses qui ne donnaient lieu à aucune représentation, mais se manifestaient occasionnellement sous une forme humaine pour s'accoupler, à l'image de Gangâ (divinité du Gange) dans le récit épique hindou du *Mahâbhârata*, de Boann (déesse de la Boyne) dans la mythologie irlandaise, et d'Oya (divinité du Niger) dans la mythologie des Yorubas (Nigeria et Bénin).

Fréquemment, fleuves et rivières sont appelés tout simplement « la Mère », par exemple dans les mythes irlandais et hindous ; en France, c'était le cas de la Marne, appelée Matrona à l'époque gallo-romaine. Comme la Déesse, ils peuvent, tour à tour, donner la vie puis la reprendre ; leurs débordements fertilisent leurs vallées mais peuvent aussi causer de terribles destructions. C'est pourquoi il est fréquent, en Inde, de voir des guirlandes ou d'autres offrandes dériver au fil de l'eau.

Dispensatrices de vie et de mort, les divinités des cours d'eau sont également douées d'une grande sagesse et d'un très ferme jugement, et auréolées de mystère. Dans la mythologie grecque, Styx,

LES ÉPOUSES DE SHANGO

Grand chasseur et dieu du tonnerre chez les Yorubas (Nigeria et Bénin), Shango a eu trois épouses, trois déesses des cours d'eaux : Oya, Oshun et Oba. Un jour, étant à l'affût, il vit un buffle se défaire de sa peau et de ses cornes, et se transformer en femme, c'était Oya. Dissimulant sa dépouille, il lui demanda de l'épouser. Oya accepta à la condition qu'il ne révélerait son secret à personne. Bien sûr, comme cela se passe dans tous les récits mythiques apparentés à l'histoire de Mélusine, où le héros épouse une femme capable de changer de nature, Shango finit par manquer à sa promesse, un jour où ses autres épouses, Oshun et Oba, l'enivrèrent.

Par la suite, Oshun, jalouse, parvint à persuader Oba de se couper les oreilles et de les ajouter à la soupe qu'elle était en train de préparer, pour plaire à Shango ; mais celui-ci, en apprenant toute l'histoire, entra dans une grande fureur, et Oshun et Oba durent se transformer en rivières pour échapper à son courroux. Au confluent des rivières Oshun et Oba, les eaux sont toujours très agitées, en souvenir des disputes des deux femmes.

Divinités de l'Afrique de l'ouest, Oya, Oshun et Oba sont, en Amérique latine, l'objet de cultes syncrétiques qui mêlent catholicisme et rites de possession (cf. p. 29-30). Personnifiée ci-dessus par une initiée brésilienne, Oya, divinité des tempêtes et du fleuve Niger, est connue au Brésil sous le nom de Yansan, et confondue avec sainte Barbe. À Cuba, Oya est confondue avec la Vierge de la Chandeleur, et Oshun, divinité de la rivière nigériane du même nom, avec la Vierge de la Charité du Cuivre ; mais au Brésil, Oshun est elle aussi confondue avec la Vierge de la Chandeleur. Quant à Oba, divinité de la rivière nigériane du même nom, elle est confondue à Bahia (Brésil) avec sainte Catherine.

Le Gange, le plus grand fleuve de l'Inde, est étroitement associé avec la mort, mais aussi avec la délivrance des péchés, au cours de l'existence et au-delà. Des pèlerins viennent de toute l'Inde pour se baigner dans ses eaux à Vârânasi (Bénarès), et Gangâjal (l'eau du Gange), stockée dans des fioles, est utilisée pour bénir ou guérir.

l'une des Océanides, fille d'Océan et de Téthys, personnifie le fleuve qui sépare le pays des morts de celui des vivants, et délivre les hommes de leurs péchés en leur infligeant les souffrances de l'agonie.

Dans la mythologie babylonienne, Nansé, déesse des eaux et arbitre du jugement dernier, présidait à une fête qui se déroulait le premier jour de l'an. À bord d'une flottille de bateaux, les Sumériens se dirigeaient vers Lagash où la déesse les attendait dans une barque consacrée, et jugeait chacun selon ses mérites de façon à ce qu'il prenne un nouveau départ. Nansé était également l'interprète des rêves.

Lorsque la déesse irlandaise Boann, appelée « la rayonnante » ou « la vache qui accorde la sagesse », viola le tabou concernant le puits de Nechtan, l'eau du puits l'emporta jusqu'à la mer, et la Boyne fut ainsi créée.

Le lien entre les divinités des cours d'eau et la vache (dont le flux de lait nourricier est comparé au débordement fertilisateur des fleuves et des rivières) ne se limite pas à Boann. Audumla, la vache divine et nourricière des mythes de création germaniques, lécha la masse primordiale de glace salée et donna naissance à quatre grands fleuves. Hathor, l'une des plus anciennes divinités égyptiennes, était associée au débordement du Nil et vénérée sous la forme d'une vache ou d'une femme à la coiffure cornue (dans ce dernier cas, elle ressemblait à Isis, déesse du Nil).

La Déesse de la mer

Vénus née de la mer, détail de La Naissance de Vénus, *de Sandro Botticelli (1445-1510)*

Mers et océans ayant été confondus avec les eaux primordiales par les peuples du littoral, la plupart des déesses mères, comme l'Égyptienne Isis, ont été logiquement assimilées à la mer ou à l'océan, ou encore considérées comme nées de lui ou d'elle.

Le lien existant entre la lune et les marées a conduit de nombreuses cultures à accorder aux déesses lunaires une toute-puissance sur les étendues marines. La vache divine aux cornes en forme de croissant symbolise la lune dans beaucoup de mythologies indo-européennes, et a pour parèdre un taureau qui est à la fois son amant et son fils (cf. p. 80-81). Le taureau est, bizarrement, un des symboles de Poséidon, dieu grec de la mer, et ce choix en apparence paradoxal pourrait être une survivance d'une cosmogonie archaïque dans laquelle une déesse bovine gouvernait la mer.

Aphrodite, déesse grecque de l'amour, était à l'origine une déesse proche-orientale, peut-être même un des aspects d'Ashéra, « la Dame de la Mer » (cf. p. 39). Avant d'être émasculé à l'instigation dc Gaïa, la déesse terre, sa mère et son épouse, Ouranos éjacula

SEDNA

Les mythologies des Esquimaux de l'Alaska, du Canada et du Groenland parlent souvent d'une maîtresse sous-marine des poissons et des mammifères marins qui porte divers noms selon les régions.

Un récit des Esquimaux du Canada raconte comment Sedna, fille d'Anguta, le dieu père, s'entêtait à refuser tous les prétendants, et finit par épouser un chien, ou un oiseau qui lui promettait une vie facile dans son nid douillet.

Furieux de la décision prise par sa fille, Anguta vint la rechercher et tua son gendre. Lors du voyage de retour en oumiak (bateau en os de baleine et peaux de phoque), une tempête se leva et Anguta jeta sa fille par-dessus bord pour sauver sa propre vie. Sedna tenta de se cramponner, mais son père lui sectionna les doigts des deux mains pour lui faire lâcher prise, et les doigts coupés devinrent aussitôt des animaux marins qui dévorèrent Anguta.

Sedna s'installa au fond de la mer et devint la grande divinité du monde sous-marin en l'honneur de laquelle les Eesquimaux célébraient une grande fête chaque automne.

Sedna, dessin d'un artiste kalaallit (Groenland, XXe siècle). Les Inuits appellent Sedna Uinigumasuittuq « celle qui ne voulait pas se marier ».

Fête religieuse au cours de laquelle on sautait par-dessus un taureau (Fresque minoenne, IIe millénaire av. J.-C.). Un taureau sorti de la mer et envoyé par Poséidon symbolisait la légitimité du roi Minos ; mais la déesse crétoise est fréquemment représentée en train de bondir par-dessus un taureau, et la « fête du saute-taureau » pourrait avoir eu des origines préminoennes et avoir célébré le mariage de la Déesse et de son fils.

une dernière fois et son sperme moussa et se coagula à la surface de la mer, donnant naissance à Aphrodite. Poussée par des vents favorables jusqu'au rivage de Chypre, elle y fut recueillie, vêtue et vénérée. Intégrée dans le système mythologique hellénique, elle demeura très turbulente, comme la mer du sein de laquelle elle était issue. Il est possible qu'elle soit devenue la déesse de l'amour sexuel à cause d'une parenté métaphorique entre la mer et le désir, tous les deux étant imprévisibles, mystérieux et potentiellement irrésistibles.

Dans les mythologies océaniennes, le sort de la déesse de la mer est déterminé par le comportement de ses ancêtres masculins. Le père, humain, de la divinité serpentine mélanésienne Walutahanga, découpa sa fille en huit morceaux ; mais le corps de celle-ci fut réunifié au bout de huit jours de pluie, puis tronçonné de nouveau et mangé par les habitants des îles avoisinantes. Walutahanga retrouva de nouveau son intégrité au fond de la mer, provoquant huit vagues gigantesques qui submergèrent les îles, détruisant toute vie humaine, à l'exception de deux femmes qui avaient refusé de manger la chair de la déesse, et qui reçurent en cadeau les fruits de la mer et la végétation terrestre.

En Europe, la Déesse de la mer a survécu sous la forme des néréides, sirènes, fées des houles, morganes et mari-morganes qui attiraient, séduisaient et entraînaient les hommes au fond de leur royaume sous-marin.

Ran, divinité nordique des tempêtes, du pillage et des péris en mer, coulait les bateaux et noyait les marins, et les Scandinaves ne manquaient jamais de lui offrir des sacrifices propitiatoires avant de s'embarquer.

Morgane, dont le nom contient le mot *mor* (qui signifie « mer »), déesse celtique devenue fée, est l'héritière de la déesse irlandaise Morrigan (ou Morrigu, cf. p. 35). Elle régnait avec ses huit sœurs sur une île paradisiaque située dans l'océan occidental (Avalon ou l'Insula Pomorum de la *Vita Merlini*) où elles accueillaient les héros morts dont le roi Arthur, leur frère. Les textes médiévaux tardifs l'ont réduite à l'état de très méchante sorcière ratatinée, ou encore d'enchanteresse à l'apparence repoussante.

L'œuf cosmique

Peinture rupestre trouvée sur l'île de Pâques et représentant un homme-oiseau tenant dans sa main/serre l'œuf qui contient le monde.

On trouve sur les cinq continents des récits de création qui placent à l'origine du monde un « œuf cosmique ». Parfois, c'est la puissance créatrice qui se projette dans les eaux primordiales sous la forme d'un œuf. D'autres fois, l'œuf est déposé par un oiseau céleste de passage, ou bien il est confié au premier humain ou au premier couple, ou encore il est créé par ces derniers. Ensuite, c'est l'éclosion de cet œuf qui produit le cosmos et son contenu. Dans certains cas, un œuf peut être à l'origine d'une dynastie. Selon le *Shiti Ji* (un texte chinois du IVe siècle), Jiandi, l'une des trois déesses principales, avala un œuf d'oiseau en se promenant, se trouva enceinte et donna naissance à l'ancêtre du clan Yin. D'autres familles aristocratiques prétendent descendre de l'œuf cosmique.

Certains mythes mêlent divers thèmes. La déesse tibétaine Srid-lcam (« la Dame du Monde visible », « la Grande Magicienne ») épousa un mortel, Ling-dkar, seigneur de rGya, dans le but d'accroître la prospérité de la terre et la piété des hommes, et cette union produisit trois œufs : un d'or qui contenait la flèche de vie, un de turquoise qui contenait la flèche de fécondité, et un d'un blanc pur qui contenait un fuseau d'or. Puis la lumière du ciel et les vapeurs de l'océan engendrèrent un bloc de « bon » qui fut dévidé et filé par le vent pour former les fils masculin et féminin de la bonne fortune.

Selon les orphiques grecs, l'œuf primordial, façonné par le Temps, produit Phanès (identifié à Éros-Dionysos) un créateur ailé et hermaphrodite. La Nuit, mère, épouse et fille de Phanès, est un oiseau aux ailes noires qui engendre Gaia, la terre (cf. p. 60-61). Le *Kalevala*, l'épopée finnoise collectée et composée par Elias Lônnrot, parle d'une sarcelle qui survolait les eaux primordiales, cherchant un endroit où déposer ses œufs. La Mère-Océan leva l'un de ses genoux pour que l'oiseau puisse se poser et pondre sept œufs ; mais tandis que la sarcelle couvait, la Mère-Océan, incommodée par la chaleur, secoua son genou ; les œufs tombèrent à l'eau et se brisèrent, produisant le ciel, la terre, le soleil, la lune, etc. Comme dans d'autres mythes de l'œuf cosmique, la fécondité est liée à la chaleur. Ainsi dans un récit coréen, Ryuhwa, fille de la déesse des eaux, est enfermée dans sa chambre, mais le soleil parvient tout de même à l'atteindre et à la féconder. À la suite de quoi Ryuhwa donne naissance à un œuf d'où sort Cumong, le fondateur légendaire de Koguryo, l'un des trois royaumes anciens de la Corée.

L'OISEAU ET LE SERPENT

Dans les récits mythologiques, la voûte céleste et les profondeurs de la terre et de la mer sont la demeure des divinités et autres êtres surnaturels. Deux créatures habitant ces régions, l'oiseau et le serpent, présentent d'étroites affinités avec la Déesse.

Les premières représentations connues de femmes-oiseaux, corps ovoïde et long cou mince, datent du paléolithique, et le serpent apparaît dans de très anciennes figurations, soit comme compagnon de la Déesse, soit comme une pièce de son accoutrement : baguette, sceptre, ceinture, coiffure, etc. Hôte du monde souterrain, le serpent est également un habitant de l'océan, et l'Ouroboros (le serpent qui engoule sa propre queue, cf. p. 18-19) est un symbole fréquent des eaux qui encerclent la terre.

Oiseau et serpent pondent des œufs et apparaissent fréquemment dans les récits de la création. L'association des deux se trouve réalisée dans un mythe grec très ancien. Eurynome, la grande mère, sortit des abysses des eaux primordiales et dansa dans l'obscurité. Ses mouvements firent naître un vent qu'elle façonna en forme de serpent, créant Ophion. Ophion ne tarda pas à la désirer, et elle finit par lui céder. Se voyant enceinte, Eurynome prit la forme d'une colombe et se mit à survoler les eaux primordiales jusqu'à pondre un œuf autour duquel Ophion se lova pour le couver. C'est à partir de cet œuf que toutes choses ont été créées.

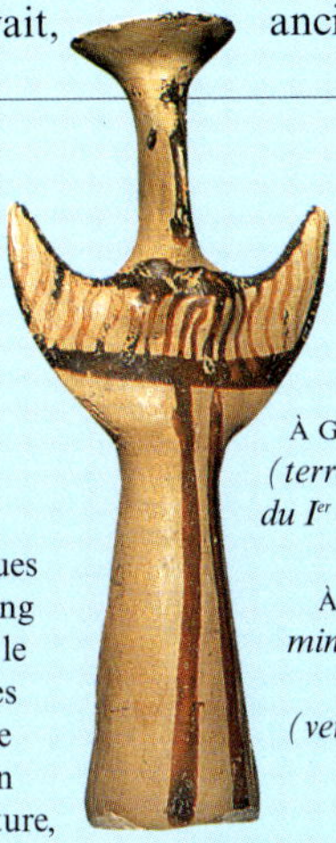

À GAUCHE *Déesse-oiseau (terre cuite grecque datant du Ier millénaire av. J.-C.).*

À DROITE *Déesse minoenne brandissant des serpents (vers 1800 av. J.-C.).*

On retrouve au Guatemala une tradition semblable qui parle d'un serpent à plumes femelle, glauque, qui survolait les mers, ailes déployées, au commencement du monde. Elle attira l'attention de Hurrikan, le vent puissant, qui passa sur elle, tirant la terre des profondeurs de la mer.

La Déesse de la terre

Non seulement la Déesse est la Terre Mère elle-même (cf. p. 60-61), mais elle est incarnée dans des montagnes, des volcans, des cours d'eau, des déserts et d'autres éléments géographiques. Elle peut aussi créer ces mêmes éléments avec des parties d'elle-même.

Ainsi la déesse tibétaine Klu-rgyal-mo (« La reine qui a mis le monde visible en ordre ») créa la voûte céleste avec la calotte de son crâne. Elle fit la terre avec sa chair, les montagnes avec ses os, les océans et les mers avec son sang, les cours d'eau avec ses veines, le soleil et les planètes avec ses deux yeux, la lune avec ses dents du haut. Le tonnerre, l'éclair et la pluie naquirent de sa voix, de sa langue et de ses larmes ; les vents et les orages de grêle, de ses narines et du gras de sa langue.

Le nom de la déesse celtique Dana/Danu, ou Ana/Anu, se retrouve dans celui du Danube, du Don, des Dane Hills (Cheshire, Angleterre), de deux collines jumelles des environs de Killarney (Irlande) appelées « les deux seins d'Anu », et de bien d'autres éléments géographiques à travers toute l'Europe.

La déesse hindoue Dharanî est la terre qui s'est ouverte pour engloutir les démons envoyés contre Bouddha par Mara, roi des démons ; mais elle est toujours personnifiée sous les traits d'une jeune femme dont le chignon tortillé représente un fleuve.

La Déesse est associée plus spécialement aux cavernes (symbole de la vulve ; cf. p. 96-97) et à certaines collines ou montagnes (représentations d'un ventre de femme enceinte, ou d'une poitrine féminine).

Silbury Hill (Wiltshire, Angleterre), élevée vers 2600 av. J.-C. Dans The Silbury Treasure *(1976), Michael Dames soutient qu'il ne s'agit pas, comme on le pensait tout d'abord, d'un tumulus funéraire, mais d'une représentation d'une déesse parturiente, allongée sur le dos.*

La mythologie sumérienne parle d'une montagne aux deux sommets jumeaux, appelée Mashu, située à l'extrémité du monde, et qui s'élevait jusqu'à nourrir les cieux. Son image en miroir s'enfonçait d'autant pour nourrir le monde souterrain.

Le Gange prend sa source dans l'Himalaya au pied de la montagne de Nanda Devî (« la Bienheureuse Déesse ») et la divinité éponyme du grand fleuve hindou est une déesse nourricière. Quant à la divinité éponyme de l'Annapûrnâ, elle fournit la nourriture nécessaire au monde entier.

L'Irlande était appelée îath Anann, île de la déesse Ana/Anu, mère des dieux et nourricière, et difficile à distinguer de la déesse Ériu/Eire, autrement dit l'Irlande. Dans la mythologie et la littérature irlandaises, ce concept de la « Mère Irlande » est incarné par d'autres divinités dont Taïltiu, nourrice du dieu Lug, et Medb, épouse mythique des rois d'Irlande auxquels elle conférait la souveraineté sur la terre, nourricière de leur royaume.

Les cavernes, comme ce site funéraire néolithique hindou, furent les premiers éléments du paysage à être associés à la Déesse.

PELE, LA DÉESSE BIEN VIVANTE

Pele, déesse hawaïenne du feu volcanique, de la nature, du désordre et de la sexualité, vit dans le cratère du Halema'umu'u, un volcan actif situé sur Hawaï, la plus grande île de l'archipel du même nom. Selon la légende, elle aurait fui son pays natal à la suite d'une dispute avec sa sœur, un esprit de la mer, qui la poursuivit, l'obligea à se battre et la tua. Après sa mort, Pele devint une puissante déesse.

On représente Pele sous les traits d'une belle jeune femme, ou (comme pour cette statuette du XIXe siècle) sous ceux d'une affreuse sorcière.

Bien que les Hawaïens soient officiellement chrétiens, nombre d'entre eux continuent de rendre un culte à Pele, en public ou en privé, visitant régulièrement le cratère qui est sa demeure, pour y déposer des offrandes de gin, de gâteaux et d'objets divers.

Le Halema'umu'u se trouve dans le parc national des volcans où le ramassage des blocs de lave, de pierres ou de cailloux est strictement interdit. Le musée du parc expose plusieurs lettres évoquant de la malchance qui a poursuivi ceux qui ont contrevenu à cette interdiction jusqu'à ce qu'ils se décident à rapporter leurs trophées là où ils les avaient pris.

Le volcan appelé Fuji-san ou Fuji-yama est la montagne sacrée, la montagne mère des Japonais. Son nom, qui tire son origine de la langue des Aïnus, les premiers occupants de l'archipel, signifie « vie éternelle », et une secte shintô, la fujikô, lui prête une âme immortelle. Le mont Fuji attire chaque année des centaines de milliers de pèlerins, et des lieux saints ont été construits jusque dans son cratère (sa dernière éruption date de 1708). Les femmes ne sont autorisées à l'escalader que depuis les réformes promulguées sous le règne de Mutsuhito (ou Meiji tennô, 1867-1912), cent vingt-deuxième empereur du Japon.

La Déesse nourricière

Dans de nombreuses cosmogonies, une incarnation, mortelle ou semi-mortelle, de la Déesse est à l'origine de la faune et de la flore. Généralement, cette incarnation meurt à la suite d'un malentendu ou d'une traîtrise, et son cadavre devient une source de nourriture ; un thème qui est à rapprocher du sacrifice consenti par certaines déesses mères qui, comme Aphrodite, acceptent de se séparer chaque année de leurs amants du moment pour assurer l'abondance des récoltes (cf. p. 80) ; à rapprocher également de la légende, très répandue, de la plante vitale qui pousse sur les restes ou dans le sang du héros. Le récit polynésien de l'origine du cocotier combine des éléments de tous ces thèmes. Le parèdre de la grande déesse Hine-nui-te-po est tué par des humains qui le voient sous la forme de son alter ego, le serpent. Affligée, la déesse ne cherche pourtant pas à punir les meurtriers. Elle plante la tête de son amant en terre et il en sort un cocotier, l'arbre providence des Polynésiens auxquels il fournit son bois, ses noix, ses fibres textiles, etc.

FEMMES CHANGEANTES

Dans la mythologie des Indiens navajos, Femme changeante a le pouvoir de rajeunir chaque fois qu'elle atteint un âge avancé, ce qui l'associe au cycle des saisons et de la végétation. Au cours du rite marquant la puberté des filles, celle des participantes qui personnifie Femme changeante peint sur son visage un éclair remontant qui favorise la végétation.

Certaines divinités ne sont pas aussi clémentes, ni aussi volontiers nourricières qu'Aphrodite ou Hine-nui-te-po (voir ci-dessus). Chez les Navajos, Jeune Ourse changeante refusa de servir de domestique à ses douze frères, et préféra vivre une liaison passionnée avec Coyote, le décepteur. Refusant de se conformer à l'idéal féminin imposé par la société navajo, elle fut considérée comme le modèle de l'iniquité féminine. Lorsque Coyote fut tué, elle rendit ses frères responsables de sa mort. Utilisant les pouvoirs magiques que Coyote lui avait transmis, elle changea chacun de ses membres en une espèce d'ours différente, remplaça ses dents par de fortes épines et donna la chasse à ses frères, parvenant à en tuer onze avant d'être tuée par le douzième. Après sa mort, son vagin devint le porc-épic ou le fruit du yucca ; ses seins, des pignons de pin ; sa langue, un cactus ; et ses entrailles, des serpents ou des herbes vénéneuses.

Cette « peinture de sable » évoquant la première menstruation de Femme changeante (cf. p. 113) est exécutée lors de Kinalda, le rite marquant la puberté des filles chez les Navajos.

Une légende indonésienne provenant de l'île de Céram raconte comment le héros Améta découvre le cocotier. Du mélange de son sang et de la sève de l'arbre naît une petite fille nommée Hainuwélé (« rameau de cocotier »). Les excréments d'Hainuwélé ont la propriété de se transformer en objets de valeur : porcelaine, bijoux, gongs de bronze, etc. Devenue nubile au bout de trois jours, Hainuwélé est invitée à participer à la danse maro qui rassemble les neuf premières familles humaines, et à l'occasion de laquelle les femmes offrent aux hommes des noix d'arec. Les cadeaux offerts par Hainuwélé éclipsent bien sûr ceux des autres femmes, et celles-ci, poussées par la jalousie, enterrent leur rivale vivante. Améta pratique divers rites qui lui permettent de retrouver Hainuwélé, morte. C'est la première mort survenue en ce monde. Améta découpe Hainuwélé en morceaux qu'il ensevelit de nouveau et qui produisent les ignames et les taros, devenus depuis la base de l'alimentation des autochtones. Apprenant la nouvelle de l'assassinat, Saténé, la femme qui règne sur les premiers hommes, entre dans une telle colère qu'elle décide de quitter ce monde, mais auparavant, elle frappe ses sujets avec un des bras d'Hainuwélé ; certains humains sont métamorphosés en cervidés, en porcs, en poissons ou en oiseaux ; les autres conservent leur forme humaine mais deviennent mortels. Ensuite, Saténé se retire sur le mont Saluhua, une des deux montagnes sacrées de l'île de Céram, où elle règne depuis ce jour sur les âmes des morts. Un mythe qui ressemble de façon frappante à celui de Dewi Sri tel qu'on le conte à Java et Bali (cf. p. 70-71).

Figurine en bois utilisée pour l'enseignement des jeunes (Aborigènes d'Australie, XXe siècle). Chaque tatouage représente un des éléments nourriciers : la pluie, la flore, etc.

Le kava, une variété polynésienne de poivrier dont la racine et la feuille servent à fabriquer une boisson enivrante et psychotrope, a de nombreuses utilisations rituelles, mais son abus rend la peau squameuse et grise. À Tonga, on explique cet effet secondaire en rappelant que le kava sortit de la tête d'une jeune fille lépreuse tuée par son père afin de régaler un chef qui leur rendait visite.

Imberombera, une déesse de la fertilité du nord de l'Australie, émergea de l'océan, créa la terre et tira les plantes, les animaux et les humains de son corps pour la peupler. Imberombera était pleine d'énergie et portait de nombreux enfants dans son vaste sein. Elle demanda à Wuraka, le dieu de la fertilité, de l'accompagner dans ses déplacements, mais ce dernier se plaignit que le voyage était bien trop long et son phallus beaucoup trop lourd. Il s'effondra et fut transformé en un rocher appelé Tor Rock, tandis qu'Imberombera poursuivait son périple, pondant ses enfants, leur apprenant les langues aborigènes (une tâche incombant habituellement à un dieu) et la façon de cultiver les ignames.

La Terre Mère et l'ordre cosmique

Pour une déesse mère, la façon la plus simple de créer le cosmos et de le peupler est d'accoucher des corps célestes, des plantes, des animaux et des humains.

Bien sûr, les capacités génitrices de la Déesse sont épiques. Selon la tradition hindoue, Aditî, la déesse terre des hymnes védiques, s'accroupit pour donner naissance à sept enfants, les sept éléments solaires, dont Indra, dieu de la lumière et du ciel, Sûrya, le soleil, et Agni, le feu. Ultérieurement, le nombre d'enfants fut porté à douze, chacun représentant un mois de l'année et délimitant le temps et l'espace. En Polynésie, Hine-nui-te-po mit au monde une série de divinités, dont la lune, la mer et la mort elle-même. Imaginée souvent sous les traits d'une énorme sorcière endormie, Hine-nui-te-po est l'incarnation de la terre.

Selon la *Théogonie* d'Hésiode, écrite au VIIIe siècle. av. J.-C., Gaia, la terre, enferma à l'intérieur de son corps le Chaos d'où elle était issue, et le « grand abîme », un équivalent de l'enfer. Puis elle se fixa ses propres limites sous la forme de ses fils : Ouranos, le ciel, et Pontos, la mer. Elle prit Ouranos, perpétuellement étendu au-dessus d'elle, pour premier amant (cf. p. 80-81) et donna naissance aux premières divinités : six Titans, six Titanides, trois Cyclopes et trois monstres aux cent mains. Ouranos fut tellement horrifié à la vue de ses enfants qu'il les renferma dans le sein de leur mère. Gaia refusa de juger sa progéniture, et persuada Chronos, le plus jeune des Titans, d'émasculer son père et de libérer ses frères et sœurs.

Ce fut le premier acte de violence de la mythologie grecque, et il déclencha une interminable vendetta entre les enfants de Gaia et les divinités de l'Olympe, descendants de Chronos. Les Olympiens ne cessaient de se mentir et de se quereller, et aucun d'eux ne pouvait être considéré comme la personnification du bien ; mais à partir de la période à laquelle vécut Hésiode, la mythologie fut considérée par les Grecs comme l'explication et le garant de l'ordre cosmique et de l'ordre social, et certaines idées abstraites, telle que la justice, furent divinisées.

L'élaboration d'une mythologie et d'un panthéon communs contribua également à forger un sentiment national grec face à la menace que faisaient peser les nations « barbares » environnantes. Les dieux de l'Olympe devinrent ainsi les champions de la « civilisation », et les querelles mythiques entre les Olympiens et les enfants

Statue de la déesse Gaia trônant entre deux animaux sauvages (Grèce, VIIe siècle. av. J.-C.).

Représentation de Méduse (poterie grecque ; Vᵉ siècle av. J.-C.). À l'origine, la Gorgone était unique. Gaia l'avait créée pour aider les Titans dans leur lutte contre les dieux de l'Olympe. Dans la Théogonie *d'Hésiode, les Gorgones sont trois monstres, pourtant leurs noms (Méduse, Stheno, Euryale) évoquent respectivement la sagesse, la puissance et l'universalité. La Gorgone dut être une divinité lunaire car les mystiques préhelléniques appelaient la lune « la tête de la Gorgone ».*

de Gaia cessèrent d'être de simples rivalités de clocher pour tourner à l'affrontement symbolique entre le bien et le mal. Face à l'ordre et à l'immortalité, la Déesse préconisait le changement et le renouvellement permanents (qui impliquaient la nécessité de la mort), mais aussi l'opportunité pour toute forme de vie de s'épanouir et de prospérer librement, quelles que soient sa valeur intrinsèque et ses qualités morales.

En fomentant un parricide, Gaia avait permis à de nouvelles créatures de voir le jour, aussi horribles, cruelles et destructrices qu'elles fussent.

SILA, L'ORDRE COSMIQUE

Un mythe kalaallit (esquimau) du Groenland parle d'une femme qui souhaite un jour voir la guerre et les enlèvements résoudre le problème de la surpopulation. En réponse à son souhait, la mort fait son apparition en ce monde, mais les hommes se mettent à chasser et à faire la guerre de façon si cruelle et si désordonnée qu'il devient vite nécessaire de mettre de l'ordre dans l'univers afin que l'harmonie règne à nouveau entre ses divers éléments.

À cette fin, un jeune homme tue sa mère parce qu'elle n'a pas respecté la loi sacrée qui commande de partager la première prise de la saison de pêche et de la saison de chasse. Plus tard, à la faveur de la nuit, le jeune homme a des rapports incestueux avec sa sœur, transgressant une autre loi sacrée. Lorsque la sœur réalise ce qui vient de se passer, elle se coupe les seins, en fait une torche flamboyante et s'envole vers le firmament où elle devient Siqiniq (sœur Soleil). Son frère la suit, mais la neige étouffe sa torche qui ne produit plus qu'une faible lueur. Il devient Taqiq (Lune).

Sila, l'ordre cosmique, est ainsi établi, et son principe de base consiste à « suivre Soleil ». Désormais, chaque chose a une place, une fonction, une direction et une périodicité déterminées.

Lumière, soleil et lune

Statuette tibétaine en bronze représentant Târâ la Verte, déesse des étoiles qui, au Tibet et au Népal, est identifiée à l'Himalaya.

Dans la plupart des mythologies, le ciel est gouverné par un dieu, tandis que la terre est le domaine d'une déesse, sa parèdre. Cette répartition pourrait refléter l'opposition tranchée du jour et de la nuit, ainsi que leur alternance relativement rapide (le mouvement diurne est le plus bref de tous les cycles naturels).

Dans les récits mythiques, le ciel est souvent décrit comme un lieu de conflit et comme la demeure des héros. Dans la mythologie turco-mongole, l'étoile Vénus, appelée Erlik (ou Erklik : la « Virile », la « Vaillante »), était à l'origine un guerrier qui tuait les étoiles chaque nuit afin que l'aube puisse paraître. Sous l'influence bouddhique, elle est devenue un roi des démons, dieu des Enfers.

Le ciel étant un champ de bataille où s'affrontent le jour et la nuit, la lumière et l'obscurité, le soleil et la lune, il n'est pas surprenant que des déesses des étoiles comme Anâhitâ, la grande déesse des Perses, aient été des guerrières. Anâhitâ était également associée à l'eau, car ses étoiles étaient des fontaines qui fertilisaient la terre. Patronne du sperme, Anâhitâ fertilisait aussi les humains. Elle était guérisseuse et savait se montrer bienveillante pour ses enfants, mais pouvait devenir féroce lorsqu'il s'agissait de les défendre et que son aspect martial reprenait le dessus.

Comme beaucoup de dieux solaires indo-européens, Anâhitâ traversait le ciel vêtue d'ors étincelants et montée sur un char tiré par quatre chevaux nommés vent, pluie, nuage et grêle. Ce qui suggère que sa souveraineté ne se limitait pas au ciel nocturne, et que le qualificatif de « brillante » qui lui était associé évoquait l'éclat de l'astre du jour. On retrouve la trace d'Anâhitâ à Babylone et en Égypte où elle fut syncrétisée avec des déesses comme Anat, Ishtar (cf. p. 114-115) ou Nout (qui devait reproduire les corps célestes chaque matin et chaque soir, parce que leur durée de vie n'était que de douze heures). D'autres déesses des étoiles, telle que la tibétaine Târâ, possédaient une double nature nettement tranchée, comme le ciel lui-même. Târâ la Verte était féroce et assoiffée de mort, alors que Târâ la Blanche, aux trois yeux, révélait les beautés de la vie après la mort.

On trouve dans les mythologies du monde entier des héroïnes, des demi-déesses ou des divinités personnifiant des étoiles et des constellations :

Cassiopée et Andromède en Grèce, Mayi en Australie, Mataliki en Nouvelle-Zélande, Omecihuatl chez les Aztèques. La transformation en corps célestes représente souvent soit une récompense, soit une rédemption. Les Pléiades, ou les Sept Sœurs, ont une importance toute particulière dans beaucoup de cultures. Elles étaient au centre des rites sacrificiels de la nouvelle année en Grèce, en Asie du Sud-Est et en Amérique centrale, et elles sont toujours associées à la fête de Diwali, le nouvel an hindou, la fête des lampes (cf. p. 146).

Les cosmogonies traditionnelles considèrent le soleil et la lune comme des contraires accouplés. Ils sont souvent frère et sœur ou mari et femme, mais il existe entre eux une si forte tension qu'ils sont dans l'impossibilité de partager le ciel en paix.

Bien que dans la plupart des mythologies le soleil soit une divinité masculine, le contraire est souvent vrai. Baltes (cf. ci-dessous) et Groenlandais vénéraient le soleil au féminin, et on trouve même des traces d'un culte à une déesse solaire en Grèce.

La plus puissante de toutes les déesses du soleil est Amaterasu dont le mythe a dominé les croyances shintô depuis des siècles. Son lieu saint a été construit à Ise au VIIe siècle, et reconstruit depuis à l'identique et au même endroit, tous les vingt et un ans. Même si l'empereur du

LA BIEN-AIMÉE MÈRE SOLEIL

Dans les langues baltes, comme en vieux-norrois, le soleil est féminin et le mot qui le désigne, *saule*, signifie « petite mère ». Saule, qui avait tissé le ciel, gouvernait la vie des mortels, présidait à la naissance des enfants, s'occupait des orphelins et accueillait les morts dans son pommier. Son parèdre était Menesis, la lune, dont la paresse et le manque de sérieux contrastait avec l'efficacité de Saule qui passait la journée à traverser le ciel dans son char afin de répandre la lumière, la chaleur, la santé et la croissance. Le couple se sépara après la naissance de la terre, leur fille, qu'ils surveillent depuis à tour de rôle.

La mythologie balte ayant survécu uniquement dans des traditions populaires et des chansons connues sous le nom de *dainas*, certains chercheurs contestent que le mot *saule* ait pu désigner une déesse suprême. D'autres, comme Marija Gimbutas, archéologue américaine née en Lituanie (cf. p. 12-13), considèrent Saule comme une déesse solaire préindo-européenne.

Arinna, déesse solaire hittite, préfiguration de la déesse balte Saule (pendentif en or, entre 1400 et 1200 av. J.-C.)

Amaterasu sortant de sa grotte (deux panneaux d'un triptyque japonais du XIXe siècle), un thème mythologique qui pourrait symboliser le retour du printemps, ou la fin d'une éclipse de soleil

Japon n'a plus droit au statut de dieu vivant, la dynastie impériale prétend toujours descendre d'Amaterasu, et la fête de la déesse est célébrée chaque année dans tout le Japon.

Le mythe d'Amaterasu a été consigné en 712, puis en 720, dans deux textes sacrés : *Kojiki* et *Nihongi*. Fille du couple primordial formé par Izanami et Izanagi, elle est si brillante, si aveuglante, que ses parents l'envoient au ciel dès sa naissance. L'épisode le plus célèbre est celui où Amaterasu se retire dans une caverne après que son frère, Susanoo, s'est livré à des actes de violence, allant jusqu'à profaner la demeure de sa sœur avec ses excréments. Tandis qu'Amaterasu constate les dégâts, horrifiée, Susanoo lui perce le vagin avec la hampe d'un fuseau (dans *Nihongi*, le frère indigne s'en prend seulement à la dame d'honneur de sa sœur, peut-être parce qu'il était inconcevable que l'ancêtre des empereurs ait subi un tel outrage).

En l'absence d'Amaterasu, le monde devient sombre et lugubre. Pour la faire sortir de sa retraite, « huit cents myriades » de divinités placent devant l'entrée de la caverne un arbre décoré de bijoux et de rubans, et un grand miroir en cuivre fabriqué par la déesse des forgerons. Chamane et déesse de la gaieté, No-Uzume exécute une danse de plus en plus frénétique, commence à se déshabiller et à faire des plaisanteries. Ses grivoiseries font rire aux éclats les huit cents myriades de divinités, et

VÉNUS, L'ÉTOILE JUMELLE

La planète Vénus, étoile du matin et du soir, vient tout de suite après le soleil et la lune dans la hiérarchie des corps célestes. Son éclat l'a associée à des déesses de la beauté et de l'amour, depuis la divinité éponyme romaine jusqu'à Oshun, la divinité afro-américaine (cf. p. 48). En revanche, en Chine et en Amérique centrale, elle était de mauvais augure. Les astrologues chinois l'appelaient « la Grande Blanche » et son lever dans le ciel diurne était signe de conflits, de châtiments, de révolutions, car elle était associée au yin, le principe sombre, négatif et féminin (dans la pensée chinoise, l'univers est divisé en deux principes contraires et complémentaires, le yin et le yang ; ce dernier étant le principe de la lumière et de la masculinité).

L'apparition biquotidienne de la planète l'a associée aux jumeaux. Chez les Aztèques, Quetzalcoatl était identifié avec l'étoile du matin, et Xolotl, son sinistre jumeau, avec celle du soir. De plus, chacun d'eux était lui-même un être gémellaire du fait de son hermaphrodisme primordial (cf. p. 29). La dualité est encore plus nette dans le cas d'Ishtar la Babylonienne (cf. p. 114-115), parfois considérée comme masculine quand elle personnifiait l'étoile du matin, et féminine quand elle personnifiait celle du soir.

La Vénus latine, divinité tutélaire de la cité romaine,

Vénus (imagerie populaire hongroise du XIXe siècle)

était probablement une déesse primordiale comme Ishtar. Elle avait déjà un sanctuaire à Ardea bien avant la fondation de Rome, et les Romains voyaient en elle la mère d'Énée, le prince troyen fondateur de leur cité. Aucun récit mythique latin n'associe Vénus à l'étoile du matin ou du soir, et il est probable que cette association remonte aux traditions sumériennes relatives à Inanna et Ishtar. D'autres traditions mésopotamiennes font de la planète Vénus, la polaire surmontant l'axe autour duquel tourne le monde.

C'est son identification à l'Aphrodite grecque qui a fait de Vénus la déesse de l'amour. Au Ve siècle av. J.-C., elle était en passe de devenir une divinité mineure, mais certains de ses attributs (donneuse de vie et divine destructrice) lui permirent de refaire surface. En 217 av. J.-C., les oracles suggérèrent la construction d'un temple à sa dédicace sur le mont Éryx (Sicile) parce qu'elle avait favorisé la victoire des Romains lors de la première guerre punique (264-241 av. J.-C.) et que les Carthaginois, conduits par Hannibal, étaient en train de prendre leur revanche.

Au Ier siècle. av. J.-C., Sylla et Pompée dédièrent des temples à *Venus felix* et à *Venus victrix*, et César, qui prétendait descendre de la déesse, institua le culte de *Venus genetrix* qui proclamait Vénus mère des Romains et de leurs empereurs.

Xolotl (le jumeau canin de Quetzalcoatl) avec l'étoile du soir brillant à son front. La hache qu'il tient dans sa main droite symbolise sa puissance destructrice.

lorsque Amaterasu émerge de sa caverne pour voir ce qui déclenche une telle hilarité, elle aperçoit son visage dans le miroir. Éblouie par son propre éclat, elle décide de retourner au ciel, et bannit Susanoo.

Des villages japonais étaient placés sous l'autorité de femmes chamanes vouées à Amaterasu. Cette religion rurale est qualifiée par les historiens de shintô populaire, par opposition au shintô d'État, fondement du nationalisme japonais, et au shintô élégant et solennel pratiqué dans les lieux saints. Au ve siècle, le culte d'Amaterasu résista aux assauts du confucianisme puis du bouddhisme, mais ce dernier fut à deux doigts de réussir l'amalgame d'Amaterasu et de l'aspect solaire du Bouddha.

Les mythes lunaires mettent en scène des déesses associées aux aspects successifs de la lune : au croissant, comme Yemanja, l'africaine, devenue l'une des divinités de la macumba brésilienne ; ou à la pleine lune, comme la Titanide Séléné dont un mythe d'Asie Mineure contait qu'elle disparaissait une fois par mois pour aller rendre visite à Endymion, son amant. Malgré toutes ces vicissitudes, la lune est fiable, car ses changements sont prévisibles et l'associent à d'autres phénomènes périodiques naturels comme les mouvements des marées ou le cycle menstruel.

Cette apparente aptitude de la lune à faire se reproduire des processus d'une telle importance a été souvent assimilée à une capacité de prédire l'avenir.

Pour les Indiens Araucans (Chili), la seule divinité bienveillante était Auchinalgu, la lune, qui les protégeait des mauvais esprits et modifiait la couleur de leur peau pour les prévenir des événements à venir.

Les récits mythiques se rapportant à la lune reprennent souvent les thèmes de la rivalité entre frère et sœur, ou de la jalousie entre femmes. Ils sont généralement tragiques comme la légende de la décapitation de Coyolxauhqui, la lune des Aztèques, par son frère

LES CICATRICES DE LA LUNE

Symbole de sérénité et d'harmonie, la lune commande aux phénomènes naturels dont la périodicité est en relation avec le mois lunaire. Le soleil, au contraire, est généralement considéré comme violent et agressif, et son cycle est quotidien ou annuel. Un mythe chinois des origines affirme qu'il n'en a pas toujours été ainsi et parle d'un temps où la Lune était aussi chaude que le Soleil et brûlait la Terre et ses habitants de ses cruels rayons.

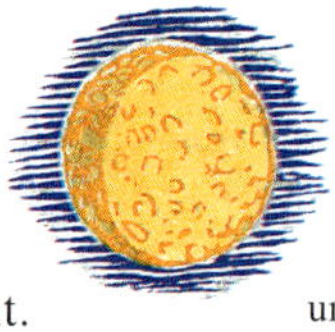

Pour mettre un terme aux souffrances de ses semblables, Qua, un homme de grande taille et d'une force exceptionnelle, monta au sommet d'une montagne et lança une poignée de sable au visage de la lune. Le sable, en fusion, adhéra à sa surface. Folle de douleur et de terreur, la lune se retira dans un coin éloigné du ciel, et sa chaleur n'est plus désormais une menace pour l'humanité.

Saule Meite (« Petit Soleil »), déesse stellaire balte (cf. p. 63), fut violée par son père Menesis (Lune). Sa mère, Saule (Soleil), frappa le coupable au visage, le balafrant pour toujours ; puis elle le bannit, inaugurant l'alternance du jour et de la nuit par son refus de partager le ciel avec lui.

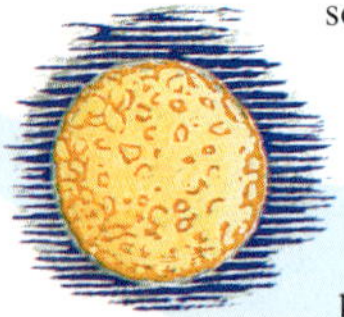

Tête en pierre trouvée à l'emplacement du grand temple de Tenochtitlan/Mexico. Les clochettes qui figurent sur les joues indiquent qu'il s'agit de Coyolxauhqui, déesse aztèque de la lune qui fut décapitée par Huitzilopochtli, le dieu solaire. Les boucles d'oreilles symbolisent le calendrier aztèque.

Huitzilopochtli, le soleil, à la suite du refus de la déesse de participer à la conspiration ourdie par ses frères et sœurs dans le but de tuer leur mère, la déesse terre Coatlicue. Un vaste cercle de pierre mis à jour à Mexico, en 1978, et qui représentait sa décollation, impressionna à ce point les archéologues travaillant sur le site, qu'ils entonnèrent un hymne à sa louange. Des fouilles ultérieures révélèrent que ce cercle de pierre était le centre d'un important lieu de culte à l'époque de l'Empire aztèque.

L'identification de la tête de la Déesse avec la lune est confirmée par un mythe cambodgien.

Une jeune fille, Bimân Chan, épouse Brah Chan, le seigneur Lune. Les autres épouses de ce dernier, jalouses de leur rivale, la persuadent de demander à leur mari de la conduire très haut dans les cieux. À cette altitude, un vent violent arrache la tête de Bimân Chan et l'envoie choir dans la mare d'un monastère bouddhique. Recueillie par des moines, elle est placée devant le Bouddha de la pagode et, après de multiples péripéties, tête et corps se trouvent enfin réunis, et Bimân Chan devient la déesse de la lune (dans la mythologie cambodgienne, la lune est tour à tour un dieu ou une déesse), tournant autour des trois mondes durant la période de repos du soleil.

L'un des fils d'Éole, Athamas, roi de Béotie, avait eu de sa première épouse, Néphélè, deux enfants : Phrixos et Hellè. Cherchant à se débarrasser d'eux, Inô, sa seconde épouse, réussit à persuader leur père de les sacrifier pour conjurer une famine. Un bélier volant, à la toison d'or, arrache les enfants à leur triste sort et les transporte vers la Colchide, mais Hellè, la fille, tombe dans le bras de mer qui sépare l'Europe de l'Asie et auquel les Grecs donnèrent son nom : Hellespont (détroit des Dardanelles).

Robert Graves voit dans le mythe d'Hellè le souvenir d'une déesse lunaire préionienne. Comme beaucoup d'autres déesses de la lune, Bimân Chan et Hellè tombent à l'eau, rappelant l'association de la lune et des fluides (mer, sang menstruel, etc.).

La Déesse, les saisons et les éléments

Le retour des saisons et le déchaînement des éléments ont souvent été interprétés comme les conséquences des agissements ou des humeurs d'une déesse. Dans la mythologie étrusque, les colères de la Reine du ciel provoquaient les éclairs. Cardea, la déesse romaine dont Ovide disait qu'elle était la charnière du monde sur laquelle pivotaient les saisons, contrôlait les quatre vents. Chez les Inuits, trois jeunes sœurs provoquaient les orages : Kadlu sautait à pieds joints sur de la glace creuse pour provoquer les roulements du tonnerre, Kweeto frottait deux silex pour produire les éclairs, et la troisième causait la pluie en urinant.

Les déesses qui commandent aux éléments sont souvent trois, ou ont un rapport avec le chiffre trois ; ainsi Holde (ou Holle, ou Hulda), déesse germanique du ciel qui chevauchait le vent à la tête d'une horde de sorcières, et qui a survécu dans les traditions populaires de l'Allemagne, de la Suisse et de l'Autriche : elle traverse le ciel au cours du cycle des Douze Jours, et on lui offre des crêpes le 6 janvier. On la retrouve également dans un des contes publiés par les frères Grimm (n° 24, *Dame Holle*). Holde était associée à trois phénomènes naturels : lorsqu'elle se peignait, le soleil brillait, quand elle secouait son édredon, il neigeait, et l'eau de sa lessive causait la pluie.

En tant que « faiseuse de pluie », la Déesse était généralement bienveillante, sauf lorsqu'elle provoquait des tempêtes destructrices, comme Lilith (cf. p. 100). De la même façon qu'elle gâchait les bienfaits de la pluie, Lilith gaspillait le potentiel fécondateur des hommes en les amenant à éjaculer pendant leur sommeil. C'était un des démons les plus redoutés, et on utilisait contre elle un grand nombre d'amulettes et de pratiques protectrices.

Sous son triple aspect de vierge, de

Couverture navajo (XIXe siècle) inspirée d'une « peinture de sable » (cf. p. 58). L'arc-en-ciel enferme deux saints personnages qui flanquent un plant de maïs sacré, leur cadeau à l'humanité (cf. p. 70).

DÉESSE ARC-EN-CIEL

L'arc-en-ciel est le voile de Mâyâ, déesse hindoue des apparences et de l'illusion. En Égypte, les sept étoles d'Isis, et dans la Bible, les sept voiles de Salomé évoquent les sept bandes colorées de l'arc-en-ciel. En Mésopotamie, Ishtar portait un collier d'arc-en-ciel dont elle faisait une infranchissable barrière ou un escalier qui conduisait le fidèle au ciel. Lorsque Enlil, « seigneur de l'air », déclencha le déluge, elle le punit en plaçant l'arc-en-ciel devant ses autels afin qu'ils ne pussent plus recevoir ni offrandes, ni sacrifices. Pour les Africains parlant des langues bantoues, l'arc-en-ciel est un python associé au temps sec et aux cours d'eau. Chez les Bembas et les Lundas, le python-arc-en-ciel est tour à tour Lueji, la princesse stérile, ou Tshilimbulu, la provocante, dont le mari jaloux tue successivement tous les admirateurs. Tshilimbulu se transforme en Lueji et provoque la sécheresse. La déesse est mise à mort cérémoniellement et dépecée, et ses morceaux sont jetés dans une jarre pleine d'eau afin d'obtenir la pluie.

Détail du Printemps *peint par Sandro Botticelli en 1477-1478. Des fleurs sortent de la bouche de la jeune fille et sont emportées par le vent. La déesse romaine du printemps était Flore, célébrée le 1er mai, lors des Floralies. En Europe du Nord, la déesse vierge du printemps était appelée Maj ou Mai, et durant le mois qui porte son nom, on se vêtait traditionnellement de verdure, à l'imitation de la terre mère. Jusqu'au XVIe siècle, hommes et femmes copulaient illégitimement dans les terres labourées, durant cette même période, pour encourager les récoltes à pousser (cf. p. 40-41).*

mère et de vieille femme, la Déesse est souvent associée au printemps, à l'été et à l'hiver (cf. p. 110-111) ; mais ces divers aspects entrent parfois en conflit. La lutte entre les saisons est dramatisée dans le mythe anglais et irlandais de Cailleach, une vieille sorcière au visage bleu, connue également sous les noms de Loathly Lady (« Dame horrible », en Angleterre), Caillagh ny Groamagh (« Vieille Femme triste », dans l'île de Man) et Black Annis (dans les Dane Hills du Lancashire). Elle capture la bien-aimée du Printemps (identifiée parfois à Brigit ; cf. p. 35) et lui confie la tâche impossible de laver une toison de mouton noir jusqu'à ce qu'elle devienne blanche. Printemps affronte la sorcière, mais sans parvenir à prendre le dessus, alors il fait appel au soleil. Celui-ci lance un javelot qui effraie Cailleach et la force à chercher refuge sous un buisson sacré, rendant sa liberté à la bien-aimée du Printemps.

Cailleach possède des pouvoirs rajeunissants qui suggèrent que la bien-aimée du Printemps pourrait n'être que son aspect jeune et fécond. Il est également probable qu'elle soit une divinité celtique car, sous son aspect horrible, elle disparaît dans la nuit du 30 avril au 1er mai (fête celtique de Beltaine) et réaffirme son autorité dans la nuit du 31 octobre au 1er novembre (fête celtique de Samain) qui est la date traditionnelle de la renaissance.

Le don de la vie et des céréales

Poupée katcina représentant l'esprit du maïs des Indiens Pueblos, et destinée à apprendre aux enfants à reconnaître les différentes divinités, ou katcinas, de leur panthéon.

Dans diverses traditions, la Déesse apparaît sous une forme humaine et des parties de son corps donnent naissance à des plantes nourricières. Dewi Sri est la déesse du riz mûrissant en Asie du Sud. Un mythe javanais conte comment elle naquit d'un bijou apporté à la surface de la terre par Antaboga, le serpent souterrain, et mourut après avoir refusé d'épouser Batara Guru, dieu du ciel. De sa tête sortit le cocotier, de sa vulve le riz, de ses doigts le bananier et de ses dents le maïs. Parfois, le rapport entre la Déesse et les récoltes est plus abstrait. La déesse mésopotamienne Eshara représentait le droit de propriété sur la terre qui avait été mise en culture.

L'importance des trois céréales les plus cultivées : le riz, le blé et le maïs, s'incarne dans de nombreuses divinités asiatiques et océaniennes, comme Dewi Sri, et s'exprime à travers le culte de Déméter et les mythologies de diverses tribus amérindiennes dont l'économie était basée sur la culture du maïs.

Un mythe des Indiens Pueblos rappelle comment ils implorèrent le soleil de leur envoyer plus de nourriture. En réponse à leurs prières, quatre jeunes filles-maïs vinrent leur rendre visite. Chacune était d'une couleur différente et représentait une variété de maïs. Les récoltes furent abondantes jusqu'à ce que les Pueblos se mettent à gaspiller et à mépriser les déesses et les cadeaux qu'elles leur avaient apportés. Alors, celles-ci disparurent, laissant les récoltes dépérir et mourir. Repentants, les Pueblos réussirent finalement à persuader les jeunes filles-maïs de revenir ; mais pour faire comprendre aux Indiens qu'ils ne devaient pas considérer les dons du ciel comme un fait acquis, elles refusèrent de rester sur terre toute l'année. Le mythe penobscot de Première Femme (cf. p. 17) démontre lui aussi la nécessité de traiter la terre avec respect.

En Amérique, le maïs était très souvent appelé « Mère Maïs », un signe de déférence que l'on retrouve également en Europe dans la divinité germanique nommée Kornmutter.

En terme de mythologie, le cycle des céréales (semailles, germination, croissance, maturation et moisson) est une métaphore pour le cycle de la vie humaine. Le maïs est plus particulièrement associé au soleil et à l'étoile du soir, car, dans de nombreuses mythologies, tous les deux doivent accomplir un périple souterrain avant de pouvoir renaître.

En Grèce, Déméter, fille de Gaia (cf. p. 72), n'a pas seulement apporté les céréales à l'humanité, elle a également jeté les fondations de la civilisation en offrant au héros Triptolème la charrue et les techniques agricoles.

Lorsque Hadès enlève Corè/ Perséphone, fille de Déméter, et l'emmène aux Enfers, la terre devient stérile. Hadès accepte de libérer Corè, mais celle-ci ayant goûté au fruit d'une certaine sorte de grenadier (symbole du vagin), est contrainte de retourner sous terre une partie de l'année. L'hiver est causé par les lamentations de Déméter

RITES AMBULATOIRES DE FERTILISATION

Dans un texte écrit en l'an 98, l'historien latin Tacite parle de Nerthus, déesse germanique, dont une figuration était promenée dans une charrette tirée par des vaches à travers les champs de sept tribus. Pendant ce temps-là, ses adorateurs suspendaient toutes hostilités pour célébrer en paix sa venue. Lorsque la procession était terminée, on reconduisait la déesse dans son bois sacré, situé sur une île au milieu d'un lac et, au passage, on immergeait statuette et charrette, dans le lac.

Tacite ne précise pas la date à laquelle se déroulait cette célébration, mais elle devait probablement avoir lieu à la fin de l'hiver ou au début du printemps comme les fêtes de toutes les déesses de la végétation. En Asie Mineure, les adorateurs de Cybèle promenaient une de ses représentations sur une charrette, à travers la campagne, pour bénir les champs. La statue de la déesse était ensuite baignée rituellement dans une rivière.

Cette poupée en paille représentant la Déesse (Balkans, XXe siècle) est un porte-bonheur destiné à assurer une bonne récolte.

pleurant l'absence de sa fille. Ce rapt était commémoré à Athènes par des festivités réservées aux femmes : les Thesmophories (cf. p. 41), durant lesquelles des porcelets étaient précipités dans un puits à offrandes plein de serpents.

D'Isis (Égypte) à Pele (Hawaï), les déesses terre se voient associer le cochon, peut-être à cause de son extrême fécondité, ou de son habitude de labourer la terre pour chercher sa nourriture.

Le fait que les Thesmophories aient été réservées aux femmes est peut-être une survivance du rôle prépondérant joué par celles-ci dans les sociétés agricoles qui, au néolithique, succédèrent progressivement aux sociétés de chasseurs. Une hypothèse confortée par la découverte de figurines féminines dans les coffres à grain, mis au jour dans les mines de Çatal Hüyük (VIe millénaire av. J.-C. ; cf. p. 14).

Mosaïque pompéienne du Ier siècle, qui figure Cérès couronnant le premier épi de blé. Cérès est le nom latin de Déméter. Le blé est le symbole de sa fille, Perséphone/Corè.

La Déesse et l'équilibre naturel

Les Titans, les Cyclopes et les autres enfants « monstrueux » de Gaia, la déesse terre des Grecs (cf. p. 60-61), sont la personnification des pouvoirs destructeurs de l'univers. La destruction fait partie intégrante du processus qui assure la vitalité du monde, et elle est nécessaire pour faire place à une vie nouvelle. L'affrontement entre les éléments constructifs et destructifs est le moteur du cycle naturel, et l'idée selon laquelle les uns seraient bons et les autres mauvais n'est qu'une innovation tardive, fondée sur la conception de toute menace comme un mal, la sécurité demeurant un bien.

La mythologie grecque conte les efforts de Gaia pour défendre sa progéniture qu'une succession de personnages masculins tentent d'assujettir, de dévorer ou d'emprisonner. Le mythe de Gaia a été interprété de différentes façons : en termes de sociologie, comme le symbole des insondables mystères de la femme, ou comme le souvenir d'un état présocial, non réglementé, de l'humanité ; en termes de mythologie, comme la survivance d'éléments de la religion d'un peuple conquis dans une nouvelle orthodoxie ; et sur le plan scientifique, comme une transposition du fonctionnement de la planète Terre.

« L'hypothèse Gaia » a été formulée en 1969 par le savant anglais James Lovelock, et précisée l'année suivante. Elle propose de considérer la Terre comme un organisme complexe et autorégulé, dont le fonctionnement repose sur un principe de réciprocité entre éléments animés et inanimés. Ainsi, l'environnement affecte ceux qui y vivent, et il est affecté par eux. Les êtres vivants sont les organes des sens de Gaia, ils détectent toutes modifications (par exemple, le soleil dégageait 30 % de chaleur en moins au moment de l'apparition de la vie sur la Terre) et aident le « métabolisme global » à s'adapter pour atteindre un nouvel équilibre ; mais ces ajustements nécessitent parfois des destructions massives. Ainsi, l'espèce humaine ayant un effet tellement déstabilisant sur l'environnement, certains ont pensé que Gaia pourrait chercher à retrouver un nouvel équilibre au prix de la disparition de certaines espèces, dont l'espèce humaine.

Vase attique (environ 460 av. J.-C.) associant divers aspects de la déesse terre hellénique. Le registre du haut présente la bataille entre les dieux de l'Olympe et les « monstrueux » enfants de Gaia, tandis que le registre du bas montre Déméter faisant don des techniques agricoles à Triptolème (cf. p. 70).

La Calomnie d'Apelle, *peint entre 1490 et 1495 par Botticelli. La jeune femme nue à l'extrême gauche est l'allégorie de la Vérité. À partir du XV*[e] *siècle, la science est conçue comme un processus d'investigation de la nature, une tentative pour percer ses secrets. À la même époque, la Vérité, personnifiée dans l'art médiéval par une vierge pudique et voilée, apparaît « toute nue ». Innocente parce qu'elle n'a rien à cacher, elle représente l'aspect primordial de la nature.*

NATURE ET CULTURE

Le philosophe anglais Francis Bacon écrivait au XVIe siècle : « Nous placerons la nature sur le chevalet et nous lui ferons avouer ses secrets. » Le monde naturel devint étranger aux hommes qui l'étudiaient et, pendant trois siècles, cette situation a enfermé la recherche scientifique dans un cadre théorique purement mécaniste pour lequel l'univers n'était rien de plus qu'une machine qui fonctionnait conformément aux lois découvertes par Copernic, Kepler, Galilée et Newton.

Pour les adeptes de la Déesse – et un nombre croissant de philosophes des sciences –, la conception selon laquelle il existerait une opposition irréconciliable entre l'humanité et la nature, serait essentiellement masculine et aurait pour cause principale l'incapacité de l'homme à enfanter ; un manque qui doit être compensé par des modèles culturels sophistiqués lui accordant un rôle dans l'acte de création. Un univers mécaniste a plus de chance d'avoir été créé par un créateur-inventeur-ingénieur que par une créatrice-génitrice qui donne la vie de façon organique, à partir de son propre corps.

La volonté d'opposer nature et culture se retrouve chez un certain nombre de penseurs contemporains, tel que l'ethnologue français Claude Lévi-Strauss qui est parti de cette idée pour étudier les structures de base des sociétés traditionnelles, et affirme que dans de telles sociétés, si la nature est féminine, imprévisible et sauvage, la culture, quant à elle, est masculine, maîtrisée et stable.

Couple divin et fécondité

Mythes et religions utilisent le couple divin pour réaliser l'association des principes masculin et féminin indispensable à la fécondité, à la fertilité et au maintien de l'équilibre de la terre et des espèces. Essentiel au bien-être de l'univers, le mariage sacré de la Déesse et de son amant est devenu un exemple à suivre pour les sociétés humaines du monde entier. Le caractère sacro-saint du mariage humain plonge ses racines dans l'imitation des divinités, et l'étroite relation entre mariage et fécondité a survécu dans les religions monothéiques. Les Écritures juives exhortent les fidèles à croître et à se multiplier dans le mariage, et affirment qu'un individu qui ne se marie pas affaiblit la puissance de Dieu.

Le couple divin représente un tout, une dualité parfaite qui élève dieux et déesses au-dessus de l'existence mortelle et sexuée. Toutefois, cela ne peut être réalisé qu'en combinant des éléments qui sont en relation étroite avec l'un ou l'autre sexe. Masculin et féminin s'associent pour recréer ce qu'un certain nombre de mythologies considèrent comme la forme originelle, parfaite et complète : l'hermaphrodite.

Le Codex Fejervary-Mayer *(manuscrit mexicain précolombien) représente la destinée du maïs. La troisième année (à droite), Tlaloc, dieu de la pluie, bénit la plante représentée sous les traits de Chalchihuitlicue (« Celle à la jupe de jadéite verte »), déesse des lacs et des cours d'eau.*

Descente aux Enfers

En devenant sédentaires et en adoptant un mode de vie basé sur l'élevage et la mise en culture de la terre, les sociétés humaines modifièrent leurs systèmes de croyance pour les adapter à leurs nouveaux calendriers d'activités, et y intégrer leurs nouvelles connaissances en agriculture ainsi que l'analogie entre la fécondité de la femme et celle de la terre. Le cycle annuel des saisons et des travaux agricoles a inspiré les mythes et les rites relatifs à la Déesse et à ses relations avec le monde souterrain, lieu d'ensevelissement et de résurrection.

Le mythe grec de Déméter et Corè, le plus connu des récits de descente aux enfers, pourrait dater du néolithique, époque à laquelle on trouve trace de deux déesses associées, probablement

Perséphone et Hadès (vase grec du IVe siècle. av. J.-C.). Perséphone est souvent représentée tenant des céréales, comme ici, ou une torche symbolisant la disparition de la lumière durant l'hiver.

deux manifestations de la même source de vie. Le duo préolympien formé par Déméter (« terre mère ») et Corè (« jeune fille ») représente sans doute deux aspects de la même notion. Dans l'hymne homérique, la plus jeune des deux déesses, appelée Perséphone, est enlevée par Hadès, dieu des Enfers. Déméter pleure la disparition de sa fille et part à sa recherche. Passant à Éleusis, elle fait don de l'agriculture à Triptolème, roi du lieu. Le chagrin et les lamentations de Déméter provoquant le flétrissement et la mort de la végétation, les humains n'ont bientôt plus rien à manger ni à offrir aux dieux. Zeus s'alarme de la situation et décide que Perséphone pourra revenir sur terre les deux tiers de l'année, mais sera obligée de demeurer aux Enfers avec son époux

LA SEXUALITÉ DANS LES HYMNES D'INANNA

Gravé sur des tablettes de pierre, le cycle de poèmes consacré à la déesse sumérienne Inanna conte comment, s'appuyant contre un pommier et « se réjouissant à la vue de sa merveilleuse vulve, la jeune femme s'applaudit elle-même » et décide de rendre visite au dieu Enki. Celui-ci lui fait bon accueil et tandis qu'ils festoient, lui confie les *me* (les attributs de la civilisation mésopotamienne). Inanna s'en retourne aux cieux avec eux. Peu après, elle est submergée par le désir sexuel et « entonne un chant à sa vulve », la comparant à une corne et « au très joli croissant de la nouvelle lune ». La décrivant comme un « terrain en friche », elle explicite le mythe agraire de son mariage avec Dumuzi. Elle crie : « Pour moi, ouvre ma vulve pour moi ! Pour moi, la jeune fille, qui sera son laboureur ? Ma vulve, un lieu humide, pour moi. Pour moi, la femme, qui offrira le taureau ? »

Encouragée par la réponse du roi qui accepte de jouer le rôle du laboureur, elle lui ordonne : « Laboure ma vulve, homme de mon cœur ! »

C'est au moment de la pénétration que l'amant de la déesse prend une part importante au processus agraire, et devient l'élément masculin crucial qui fertilise le terrain en friche. Pour les participants, coït et fécondation sont à la fois un devoir sacré et un plaisir. En fait, ils font partie des attributs de la civilisation et Enki les place sur un pied d'égalité avec la vérité, la mort et la résurrection :

« À Inanna, ma fille, je fais don de la vérité, de la descente aux Enfers, de la remontée des Enfers, de l'art de faire l'amour, du baiser au phallus. »

L'amour était un rite sacré, pratiqué avec une certaine sophistication. Le baiser au phallus fait référence à la fellation, prouvant que l'acte sexuel n'était pas réservé uniquement à la procréation ; et les vers qui parlent du goût suave de la vulve, et de la tête de Dumuzi entre les cuisses d'Inanna, décrivent clairement un cunnilingus. Le mot « vulve » qui revient à de nombreuses reprises, était employé très couramment dans la langue vernaculaire de Sumer. Quant au signe cunéiforme qui représente la femme, il est parfois interprété comme un triangle pubien.

Bélier (vers 2500 av. J.-C.) trouvé dans les tombes royales d'Ur, et symbolisant Dumuzi, le berger, piégé dans les fourrés du monde souterrain

le reste du temps. Le retour de Perséphone vers le monde des vivants – célébré à l'occasion de la fête de Déméter – symbolise le retour du printemps ; sa descente aux Enfers marque le début de l'hiver.

Le thème central de ce mythe – le changement de saison consécutif à la disparition de la fille, du fils ou du compagnon de la déesse mère – se retrouve à Sumer (Inanna et Dumuzi), à Babylone (Ishtar et Tammuz), en Grèce (Aphrodite et Adonis), en Scandinavie (Freyja et Baldur), mais subit de nombreuses variations régionales et historiques.

Isis, reine des Enfers (Livre des morts, rédigé à Thèbes vers 1150 av. J.-C.)

Isis perd son époux, Osiris, mais en rassemblant peu à peu les morceaux dispersés de son cadavre dépecé, et en lui redonnant la vie, elle devient symboliquement sa mère. Même si Isis ne descend pas aux Enfers, ses pérégrinations à travers marais et régions désertiques ont la même signification mythologique. La plupart des déesses, comme Aphrodite ou Freyja, ne perdent pas une fille mais un fils, mort de mort violente. Il s'ensuit une période de deuil marquée par la dévastation du monde, avant que la déesse ne négocie le retour de son enfant pour une partie de l'année.

LE GRAND EN-BAS

Comme la plupart des déesses mères de toutes les mythologies, Ereskigal régnait sur le monde souterrain. Son nom a été traduit par « reine du Grand En-Bas ». On la considère habituellement comme la sœur ou l'aspect sombre d'Inanna, et l'on dit que les deux déesses se seraient partagé la domination sur les mondes d'en haut et d'en bas ; une conception étayée par le fait qu'Inanna affirme descendre aux Enfers pour assister aux funérailles de Gugul-ana, l'époux d'Ereskigal, sa sœur aînée. Parfois, Ereskigal est identifiée avec Ninlil, une déesse jeune fille violée à plusieurs reprises par Enki. Courroucés, les autres dieux exilent Enki aux Enfers, et Ninlil, se sachant enceinte et ne voulant pas demeurer seule, le suit. Plus tard, Enki réussit à s'échapper, mais le Grand En-Bas garde Ninlil à titre de dédommagement. Recluse dans le monde souterrain, Ninlil donne tout de même naissance à la lune.

En descendant sous terre pour procréer une nouvelle vie, Inanna et Ninlil/Ereskigal se conforment au rôle mythologique primordial de la déesse mère.

Ereskigal partage les mêmes emblèmes avec Inanna et d'autres déesses sumériennes.

Inanna ne descend pas aux Enfers pour sauver son enfant, mais pour faire l'expérience de sa propre mort, et de sa régénération (on peut en dire autant du mythe grec si l'on considère Déméter et Corè comme deux aspects d'une même divinité). Elle s'y rend volontairement, et même avec empressement. Avant d'atteindre le royaume d'Ereskigal, sa sœur sombre, elle doit franchir successivement sept portes et se dépouiller chaque fois d'une pièce de vêtement, abandonnant peu à peu les insignes de son pouvoir. Aux enfers, Ereskigal la fixe avec son œil de mort, la tue et suspend son cadavre à un crochet. C'est seulement en proposant que Dumuzi, son fils et son époux, prenne sa place qu'Inanna parvient à quitter les Enfers. Comme Aphrodite ou Ishtar (cf. p. 80-81), elle fait don de son partenaire au monde souterrain pour assurer la fertilité de la terre.

La descente d'Inanna aux Enfers reproduit également les phases du mois lunaire et son cadavre reste pendu au crochet d'Ereskigal pendant trois jours, la période durant laquelle la lune est absente du ciel.

Dans tous ces mythes agraires, l'enfant symbolise la graine, la semence que l'on met en terre afin qu'elle y germe pendant l'hiver avant de renaître sous la forme d'une nouvelle plante qui pousse, mûrit puis est finalement moissonnée.

C'est ainsi que le cycle agraire annuel est devenu l'allégorie de la vie humaine, et que le désir de participer au drame divin du cycle des saisons a conduit à l'élaboration de rites qui symbolisent le processus de fertilisation.

À Éleusis, les mystères de Déméter – célébrés au début du printemps et en automne – comprenaient des rites secrets au cours desquels les initiés mouraient à leur vie passée avant de renaître à une nouvelle vie (entre-temps, leur âme opérait un retour aux origines), revivant ainsi, de façon symbolique, la descente aux Enfers et le retour sur terre de la divinité, et ayant la révélation du fait que la vie n'a pas de fin, mais se transforme sans cesse, et que ce processus est personnifié à la fois par la Déesse, la nature et l'humanité ; le grain étant le symbole de cette vie éternelle.

Cette chambre funéraire surmontée d'un cairn (Anglesey, pays de Galles) et son entrée en forme de vulve illustrent bien l'idée de la vie renaissant d'entre les morts, au sein de la terre.

L'auteur dramatique grec Sophocle écrivait au Vᵉ siècle. av. J.-C. : « Trois fois bénits soient les mortels qui ont assisté à ces rites avant de se rendre chez Hadès. Pour eux seulement il y a de la vie, pour les autres tout est misère. »

La Déesse et son fils

En Europe et au Moyen-Orient, le culte de la Déesse est habituellement associé à celui d'un dieu qui est à la fois son fils et son amant. On trouve trace de cette association dès le VIe siècle av. J.-C., à Çatal Hüyük (Turquie) d'où elle a gagné la Syrie, l'Iran, l'Égypte et l'Europe occidentale. La déesse mère est la racine perpétuelle, son fils le fruit qui est sacrifié, consommé, et qui renaît. Ce mythe est complémentaire de celui de Déméter et Corè, et parallèle à ceux d'Inanna et Dumuzi, Ishtar et Tammuz, Aphrodite et Adonis, Freyja et Baldur (cf. p. 76 à 79).

La tradition la mieux connue est celle de Cybèle (cf. p. 36) et d'Attis, le dieu mourant, qui pourrait avoir été élaborée en Anatolie au néolithique, ou provenir de Thrace (Bulgarie). Leur culte gagna Athènes au Ve siècle av. J.-C., et finit par faire partie intégrante de la religion officielle de Rome.

Le plus ancien récit de la naissance d'Attis fait de Cybèle un hermaphrodite qui s'autoémascule et dont les parties génitales tombent sur le sol où elles se transforment en amandier ; né de ses fruits, Attis meurt d'un accident de chasse, éventré par un sanglier, comme Adonis. Dans d'autres récits, Attis s'étant épris d'une mortelle, Cybèle lui fait perdre la raison, il s'autoémascule et meurt d'hémorragie.

Les festivités dédiées à Cybèle commençaient le 24 mars par son mariage

*La crucifixion est typiquement un sacrifice de printemps (*Pietà *de Michel-Ange, 1546-1555).*

LA MÈRE ÉPLORÉE

La part prise par la déesse mère dans le sacrifice de son fils/amant, est diversement appréciée, mais dans la plupart des cas on lui est reconnaissant de placer les intérêts de la nature au-dessus des siens propres. Elle est toujours terriblement affectée par la perte de sa fille, de son fils, de son amant ou de son époux, et elle pleure sans fin l'être cher qu'elle a sacrifié pour le bien de l'humanité.

Le thème de la mère éplorée présidant aux cérémonies du printemps a survécu au polythéisme. On le retrouve dans le christianisme sous la forme de la « Vierge de pitié » qui a inspiré les sculptures appelées pietà.

Hussaïn, second fils de Fatima, petit-fils de Mahomet, est mort décapité le jour de Muharram, le nouvel an islamique. Le culte d'Hussaïn est particulièrement développé en Iran, là où florissait le culte d'Attagartis (la déesse mère) et de Mithra (le fils solaire), et la fête du printemps y a survécu sous la forme de Nauruz, le nouvel an traditionnel.

Strictement monothéiste, l'islam a décrété la déesse païenne sacrilège, mais elle est reparue sous la forme de Fatima l'éplorée, un personnage historique que les shi'ites ont divinisé et qui a été appelée « la Vierge » ou « la mère de son père ». Le mythe de la Déesse sacrifiant son fils a laissé sa marque sur l'imaginaire des populations du Moyen-Orient.

Stèle proche-orientale (vers 295) montrant Attis, appuyé contre un arbre sacré, et Cybèle. Un texte du poète latin Lucrèce (95-55 av. J.-C.) donne à penser qu'une statue de Cybèle était effectivement promenée dans les rues de Rome sur un char attelé à deux lions domptés.

avec Attis, union symbolique de la terre (la Déesse) et de la pluie (le sang du dieu sacrifié) destinée à procréer le grain. Un taureau, représentant le dieu mourant, était abattu rituellement, et ses testicules étaient offerts à la déesse mère. D'autres dieux mourants étaient associés au taureau, dont Dumuzi-Tammuz, en Mésopotamie, et Mithra, en Perse.

Tous ces dieux (et le taureau) étaient des symboles solaires (tel le soleil, ils étaient censés périr chaque soir, rouges et sanguinolents, et renaître chaque matin). À la saison des récoltes, l'or des épis mûrs était également comparé à la lumière du soleil et, dans le but de rapprocher plus encore le sacrifice du taureau de la moisson, les parties génitales de l'animal étaient sectionnées au moyen d'une faucille offerte par la déesse. Le lendemain matin, le grand prêtre annonçait que le dieu était ressuscité et que le moment était venu de se réjouir.

Tous les dieux fils/amants ne réclamaient pas de sacrifices sanglants. Adonis était seulement tué en effigie chaque printemps, ou sous la forme de « jardins d'Adonis » : des pots d'herbes aromatiques que l'on laissait dépérir avant de les jeter à la mer.

Sécheresse et abondance

Codex Fejervary-Mayer *(manuscrit mexicain précolombien). À droite, une déesse des eaux arrose un plant de maïs. À gauche, l'année suivante, placé sous la surveillance d'un dieu (le seigneur des joyaux), le plant de maïs se fane.*

Alors que d'innombrables déesses sont en rapport avec l'eau (cf. p. 46-51), très peu d'entre elles commandent à la pluie. Cette apparente contradiction tient au fait que dans le symbolisme mythologique, la terre mère étant fécondée par la pluie, celle-ci doit nécessairement être du sexe masculin.

Chez les Aztèques, par exemple, il existait différentes déesses des eaux, mais c'était un dieu, Tlaloc, qui dispensait la pluie, le gel, la sécheresse et les éclairs.

Le maintien de la fertilité et la régulation du cycle des saisons sont les thèmes centraux de la mythologie d'Ougarit (au nord-ouest de la Syrie actuelle). Le mythe ougaritique primordial est l'histoire d'El (ou Il), père de Ba'al (voir encadré). El, le créateur, façonne deux femmes, ou découvre deux déesses ; le désir gonfle son phallus, et l'envie le prend de posséder les deux magnifiques créatures qui se nomment Athirat (Ashéra) et Anat.

Ce récit faisait partie d'un drame sacré interprété à la suite d'une mauvaise récolte ou au début de chaque cycle de sept ans, afin d'assurer la prospérité de l'année ou du septennat à venir. Le déroulement de ce spectacle rituel faisait la part belle au suspense, car la fertilité des champs dépendait de la réponse que les deux femmes/déesses feraient au dieu impatient. Si elles l'appelaient « père », il serait contraint de les traiter comme ses filles et la terre demeurerait stérile. Si au contraire, elles le qualifiaient d'époux, il s'accouplerait avec elles, et elles pourraient donc procréer ; ce qu'elles firent abondamment, lui donnant d'abord deux enfants, l'Aube et le Crépuscule, suivis de soixante-dix autres divinités, « généreuses et bienveillantes », qu'Athirat allaita, leur conférant le pouvoir de régner sur les saisons et les éléments, de commander à la pluie, à la rosée et aux orages afin que l'agriculture puisse prospérer.

Ce qu'il y a de plus étonnant dans la mythologie ougaritique, c'est son caractère terriblement humain. Les dieux ont les mêmes préoccupations et les mêmes motivations que les hommes, mêmes si leurs ambitions et leurs comportements sont plutôt ceux des rois que du commun des mortels. Les déesses en revanche, sont indéniablement plus mystérieuses, plus éthérées.

Le drame sacré représentant l'histoire

El et Ba'al, sceau ougaritique, XIVe siècle av. J.-C.

DÉESSES SÉMITIQUES

Les fouilles effectuées, à partir de 1929, à Ras Shamra (Syrie), par une mission archéologique française que conduisait C. Schaeffer, ont exhumé les ruines des cités successives qui ont porté le nom d'Ougarit, et des tablettes en terre cuite couvertes de signes cunéiformes alphabétiques contant une mythologie centrée sur les dieux El (ou Il) et Ba'al.

Le mythe le plus fameux est celui de Ba'al, dieu de la pluie, de la rosée et de la fertilité, et d'Anat, sa sœur et son épouse, qui le guide, le protège et défend sa cause. Ba'al doit se battre contre ses frères, Yam (dieu de la mer) et Môt (personnification de la mort et de la sécheresse), pour gagner son trône et s'y maintenir.

Anat est essentielle à la réussite, au bien-être et à la régénération de Ba'al. Elle l'empêche d'affronter Yam avant d'être convenablement armé par le dieu forgeron, massacre impitoyablement les ennemis par armées entières, et obtient l'accord d'El afin de construire pour Ba'al le palais dont il rêve (Ba'al n'osait pas poser la question à El, mais à la vue d'Anat, celui-ci court se cacher au fond de sa cave !). Lorsque Ba'al se rend à Môt et disparaît sous terre, Anat le localise grâce à l'aide de Shapash, la déesse solaire qui voit tout, et elle le délivre en « tuant, broyant et plantant » Môt, afin que Ba'al puisse sortir de terre sous la forme d'une plante. Ce faisant, elle perpétue la lutte des saisons au cours de laquelle Ba'al (la fertilité) affronte continuellement Môt (la sécheresse) dans une guerre cyclique et sans fin qui leur assure une existence éternelle.

d'El se déroule dans les « champs d'Athirat », le domaine de la Déesse. Celle-ci est omniprésente, immanente au monde, et apparaît sous de multiples personnifications, tour à tour mère, épouse, sœur et fille des divers dieux. La fécondité, la procréation, la perpétuation de toute vie dépendent de son bon vouloir. Elle agit d'après ses impulsions, usant de diplomatie, d'intimidation ou de violence, selon les circonstances, mais conserve toujours le contrôle de la situation et de ses conséquences.

À l'opposé, les dieux d'Ougarit ont des fonctions bien spécifiques, ils sont le jouet du destin et condamnés à un cycle perpétuel, alors que la Déesse se tient en dehors de ce cycle et commande aux événements.

Inceste divin

Isis embrassant Osiris, son frère et son époux (tombe du pharaon Séthi Ier, mort en 1279 av. J.-C., et enseveli à Thèbes)

L'inceste divin intervient dans de nombreuses mythologies. C'est un thème récurrent dans les récits relatifs au monde souterrain et au cycle des saisons (cf. p. 76-81).

À l'origine de l'espèce humaine, on trouve souvent un dieu qui viole sa fille ou une femme qu'il a créée et à laquelle il a insufflé la vie. L'inceste frère-sœur est associé fréquemment à l'établissement de l'ordre cosmique comme dans le mythe inuit et kalaallit de Lune (masculin) et sœur Soleil (cf. p. 61). La Déesse est très souvent impliquée dans un inceste, qu'elle en soit consciente ou non, qu'elle soit consentante ou non.

En dépit des variations qui les différencient en apparence, tous ces incestes ont pour seul objectif l'unification de contraires complémentaires dans le but de créer un être hermaphrodite parfait et exhaustif : une déesse personnifiant la lune s'accouple avec un dieu personnifiant le soleil, ou le dieu de la mort viole une déesse associée à la résurrection. Souvent cette unification n'est seulement qu'approximative, ou se résume à un équilibre, une alternance de forces antagonistes : le soleil et la lune éclairent respectivement le jour et la nuit, Hadès et Perséphone symbolisent l'hiver et le printemps, Ba'al et Anat représentent la sécheresse et la fertilité.

Dans la mythologie égyptienne, Nephthys, Seth, Isis et Osiris sont frères et sœurs, mais également le produit d'une longue chaîne d'unions incestueuses (cf. page suivante). Isis et Osiris s'aiment depuis toujours et sont séparés pour la première fois lorsque Seth enferme Osiris, à la suite d'une ruse, dans un coffre qu'il jette à l'eau. Cette tentative de Seth pour s'emparer du royaume de son frère déclenche une quête tout à fait semblable à une descente aux Enfers.

Comme Isis est proche parente de Nout, elle est en quelque sorte la mère d'Osiris et, étant donné son rôle de déesse mère, son absence provoque une période de stérilité qui s'achève lorsqu'elle finit par retrouver son époux et par le ramener, agonisant, en Égypte, reproduisant le retour du dieu mourant, un thème commun à de nombreux

GÉNÉALOGIE DES DIEUX ET DES ROIS D'ÉGYPTE

Dans la cosmogonie héliopolitaine, les deux premiers couples, incestueux, apparient des contraires. Le dernier échelon est plus complexe car l'opposition ne se situe plus à l'intérieur du couple lui-même, mais entre les composants de deux couples.

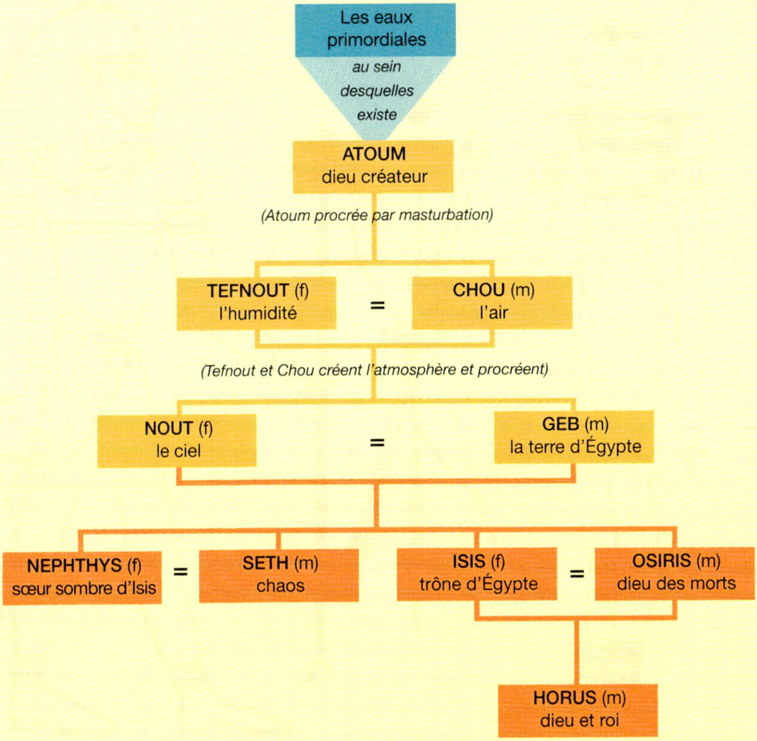

Légendes

Les eaux primordiales

Le ciel (Nout) sert de frontière entre la terre (Geb) et l'atmosphère, d'une part, et les eaux primordiales (que la cosmologie moderne appelle le vide, interplanétaire et interstellaire) d'autre part ; et rien (pas même les « ancêtres » de Nout) ne peut exister avant que le ciel (Nout) ne sépare la Terre et son atmosphère du vide. Jusqu'à ce point, la création doit être instantanée et hors du temps. C'est pourquoi Nout (le ciel) est parfois la mère d'Atoum et parfois sa petite-fille.

Les pharaons portaient toujours comme premier nom celui d'Horus, leur ancêtre, et cette « filiation » divine était le fondement même de leur légitimité. Le pharaon défunt était identifié à Osiris ; le pharaon vivant était l'incarnation d'Horus.

(m) divinité masculine
(f) divinité féminine
= union incestueuse

Tane, dieu créateur des Maoris, séparant le ciel (Rangi, son père) et la terre (Papa, sa mère). Figuration symbolique du partage de l'hermaphrodite primordial en une divinité masculine et une divinité féminine (linteau de porte d'une maison maori datant du XIXe siècle)

autres périples dans le monde souterrain. Isis prend ensuite la forme d'un oiseau dont le battement d'ailes insuffle un dernier souffle de vie à Osiris ; le temps nécessaire pour que le dieu se masturbe et que son sperme puisse féconder Isis.

Seth trouve le cadavre d'Osiris et le découpe en quatorze parties (les quatorze divisions de l'année égyptienne) qu'il disperse à tous les vents. Isis doit se remettre en quête et finit par retrouver tous les morceaux, exception faite du pénis qui a été dévoré par un poisson. Avec l'aide de Nephthys, elle parvient à reconstituer Osiris, tenant à nouveau, symboliquement, le rôle de sa mère.

Isis donne le jour à un fils, Horus, qui est la réincarnation d'Osiris. Devenu adulte, Horus doit affronter son oncle Seth pour décider de la suprématie. Isis plaide en faveur de son fils devant un tribunal divin et obtient gain de cause, mais Seth, mécontent du verdict, poursuit la lutte. Il s'ensuit une bataille sauvage au cours de laquelle Seth et Horus se sodomisent mutuellement.

Peut-être faut-il voir là un autre inceste divin destiné à faire fusionner des forces contraires. L'antithèse d'Osiris (qui représente la fertilité dispensée par le Nil) n'est pas Isis mais Seth (qui représente la stérilité du désert). La relation incestueuse entre Isis et Osiris n'est qu'une union politique qui garantit la légitimité de leurs descendants.

L'objectif cosmique de l'inceste divin (l'unification des contraires) ne peut être atteint que par l'accouplement incestueux d'Osiris/Horus et de Seth. Après la sodomisation mutuelle, Isis fait disparaître toutes traces du sperme de Seth sur Horus, et fait pénétrer le sperme d'Horus dans l'anus de Seth. Devant le tribunal divin, Seth se vante d'avoir humilié et souillé son neveu, mais les dieux constatent le contraire. Vaincu, Seth est condamné à servir Horus.

Pour imiter les dieux et s'assurer ainsi leurs faveurs, tout en étayant leur prétention à être de descendance divine, les pharaons épousaient leur sœur (les Incas faisaient de même) et en enfreignant le tabou de l'inceste, ils cherchaient à passer pour des êtres supérieurs au commun des mortels, par la puissance, la splendeur et la sagesse, et donc parfaitement dignes d'assumer le pouvoir suprême.

La plupart des autres cultures avaient bien trop le respect du tabou de l'inceste pour que même les rois se hasardent à le briser. Les Maoris de Nouvelle-Zélande pensaient que la mort s'était introduite dans le monde à la suite d'un inceste. Tane, le créateur, avait séduit Hine-nui-te-po, sa fille. Lorsqu'elle avait découvert que son séducteur était son père, Hine avait fui dans le monde souterrain. Tane l'avait suivie, la suppliant de revenir sur terre, mais elle lui avait répondu d'aller s'occuper de leurs enfants (les humains) tandis qu'elle restait sous terre et se préparait à les accueillir, après leur mort. Un récit qui est une réminiscence d'un des plus vieux mythes de l'humanité, celui du viol d'Ereskigal, la déesse sumérienne des enfers (cf. p. 78).

RÈGLES DE SUCCESSION

Lorsqu'en 1532, l'empire des Incas tomba sous les coups des conquistadores espagnols, il couvrait les États actuels de l'Équateur, du Pérou, de la Bolivie, et la moitié nord du Chili. Manco Capac Ier, le fondateur semi-légendaire de cet empire, aurait épousé sa sœur, Mama-Ocllo, et choisi leur fils Sinchi Roca pour lui succéder. La généalogie impériale permet de dater le règne de Manco Capac Ier du XIIe siècle.

Nous ignorons si Sinchi Roca épousa lui aussi sa sœur, nous savons seulement que le mariage incestueux de l'Inca (l'empereur) fut officialisé par Tupac Yupanqui, monté sur le trône en 1471. Son but était de réaffirmer l'origine divine des Incas et d'assurer la pureté de la lignée impériale. La sœur et principale épouse de Huayna Capac, son successeur, mourut sans enfant. Dans ces circonstances, l'Inca pouvait choisir pour lui succéder le fils d'une autre de ses épouses, à condition que son choix soit confirmé par des présages favorables.

Illustration extraite d'une généalogie péruvienne du XVIIIe siècle. et montrant Mama-Ocllo, princesse inca, vêtue de manière à personnifier la lune. Elle tient un masque solaire fait à la ressemblance de Manco Capac Ier, son frère et son époux.

Iahvé, Shekhina et Ève

Masculin, solitaire et rigoriste, Iahvé était une divinité totalement étrangère aux Cananéens soumis par les Hébreux (cf. p. 38-39), car les peuples de Canaan adoraient des déesses mères dont le culte encourageait l'activité sexuelle et les réjouissances de toutes sortes.

En dépit des violentes attaques des prophètes hébreux, la Déesse survécut dans les croyances populaires, et trouva même sa place dans les textes et les traditions du judaïsme. La découverte de jarres et de stèles portant l'inscription « À Iahvé et à son Ashéra », a éclairé d'un jour nouveau un passage du Livre d'Osée dans lequel Dieu, parlant par la bouche d'Ephraïm, dit : « Je suis son Anat et son Ashéra », c'est-à-dire celui qui dispense l'abondance et la fertilité. La déesse Ashéra subsista dans la religion populaire, en devenant la parèdre du dieu des Hébreux, au moins jusqu'à la réforme religieuse du roi Josias (621 av. J.-C.).

Le prophète Samuel admonestant les Israélites qui rendent un culte à Ba'al, Ashéra et autres divinités païennes (fresque du XIII*e siècle, crypte d'Anagni, Italie)*

On trouve également trace de la Déesse dans le Cantique des Cantiques et dans le Livre d'Isaïe, toutes les fois qu'un mot féminin est utilisé pour qualifier Iahvé, ou lorsqu'il est fait référence à Iahvé comme à une « mère » ; des anomalies que l'on explique généralement par le fait que Dieu est, par nature, au-dessus des genres et des sexes. Les gnostiques (cf. p. 107) pensaient, quant à eux, que la nature divine combine le masculin et le féminin et que la quête spirituelle de l'humanité serait une tentative pour les réunir.

Certains textes judaïques contiennent une parodie de mariage divin (cf. p. 100) où la Déesse apparaît, en tant que symbole d'Israël, sous la forme d'une prostituée diabolique et destructrice qui ne cesse de trahir Iahvé, son époux.

La silhouette imprécise d'une partenaire de Iahvé, une femme pleine de sagesse, volette d'un bout à l'autre du Livre des Proverbes, et nombre de textes judaïques autres que la Bible ont conservé l'empreinte d'une « épouse » de Iahvé, de la Déesse.

Selon le Talmud, elle était la manifestation de Dieu, et le peuple ne se contentait pas de ressentir sa présence, il la voyait et l'entendait. Le Talmud et le Midrasch en font un intercesseur entre l'homme et Dieu, mais elle occupe une position supérieure à celle de la plupart des porte-parole de Iahvé, et sous les noms de Sagesse, Shekhina, Hokhma ou Sophia, elle lui tient tête et lui prodigue des conseils.

Le roi David jouant pour les femmes sulamites (peinture du XVIe siècle, d'après Théodore Pulaski). La Sulamite est le nom du personnage féminin du Cantique des Cantiques.

LE CANTIQUE DES CANTIQUES

C'est un ensemble de poèmes dans lequel deux personnages, Salomon (le Bien-Aimé, l'Époux) et la Sulamite (la Bien-Aimée, l'Épouse) expriment leur amour. On y trouve des allusions à des rites de fertilité communs aux Sémites occidentaux, et le langage de la Bien-Aimée utilise les mêmes images (sexuelles et terriennes) que celui de la déesse sumérienne Inanna (cf. p. 77) : « Que mon bien-aimé pénètre dans son jardin et goûte ses fruits excellents. » À quoi, le Bien-Aimé répond : « J'entre dans mon jardin, ma sœur, mon épouse ; je cueille la myrrhe et les aromates, je goute le miel et le gâteau de miel, je bois le vin et le lait. » La référence à la sœur/épouse renvoie au thème de l'inceste divin (cf. p. 84-87) et démontre l'ancienneté des poèmes réunis dans le Cantique des Cantiques.

Après l'union, la Bien-Aimée poursuit : « J'ai ouvert à mon bien-aimé, mais il s'était retiré et s'en était allé. Le cœur me manquait quand il me parlait. Je l'ai cherché, mais sans parvenir à le trouver ; je l'ai appelé, mais il ne m'a pas répondu. » Tel le fils-amant de la Déesse (cf. p. 80), le Bien-Aimé meurt après l'union, puis il « descend dans son jardin », berceau de la prochaine génération, où il « se nourrit de lis ».

Le Cantique n'a pris sa place dans les Écritures juives que vers l'an 100, après que le « synode » de Jamnia eut fixé le canon de la Bible juive, et décidé que le Cantique était une allégorie de l'amour unissant Iahvé et Israël. Depuis, les vers ont été adaptés pour exprimer métaphoriquement l'union de l'âme humaine et de Dieu, la communion du Christ et de l'Église catholique. Mais la question posée par la Bien-Aimée mourante évoque trop clairement la Reine des cieux des religions du Moyen-Orient pour qu'il puisse s'agir d'une simple coïncidence (cf. p. 114) : « Impatiente comme le matin, blanche comme la lune, claire comme le soleil, terrible comme une armée, bannières déployées, qui est-elle ? »

Shekhina/Sagesse était immense et son éclat forçait les anges à mettre la main devant leurs yeux, mais elle pouvait devenir minuscule et invisible. Un rabbin la disait inépuisable, comme la mer. Elle résidait dans le temple de Jérusalem, mais accompagnait les tribus dans leurs déplacements, et personnifiait Israël. Elle était guérisseuse et consolatrice, mais seuls les enfants d'Israël pouvaient la voir.

Dans les mythes gnostiques juifs, Shekhina crée le monde et le premier homme, mais au vu des péchés de chaque génération, depuis Adam jusqu'aux Sodomites, elle s'éloigne peu à peu de la terre, jusqu'à trouver refuge au septième ciel. (On ne peut s'empêcher de penser à Inanna franchissant les sept portes des Enfers ; cf. p. 78-79). La personnification de Shekhina a été attribuée en partie à la Bible en araméen, qui remplace la formule hébraïque « Je demeure » par « ma Shekhina demeure ». Shekhina serait essentiellement une projection du besoin, ressenti par beaucoup, d'une divinité féminine capable de suppléer aux lacunes d'un dieu masculin et solitaire. Certains ont suggéré que Moïse avait cessé d'avoir des relations sexuelles avec son épouse non pour rester rituellement pur, mais par amour pour Shekhina.

Sous le nom de Shekhina/Sagesse – l'inconnaissable et incorporelle parèdre de Iahvé – la Déesse était révérée ; mais sous les traits d'Ève, elle était au contraire avilie et dépouillée de sa divinité. Le passage de la Genèse décrivant la création d'Ève à partir de la côte d'Adam est probablement une altération d'un mythe mésopotamien selon lequel Ninhursag, la déesse mère, soigne une côte d'Enki, le dieu des eaux, créant du même coup Nin-Ti (à la fois

L'anguipède, ancienne figuration de Iahvé, présente des caractères propres à la Déesse (jambes anguiformes).

Le péché originel *(enluminure d'un manuscrit du Xᵉ siècle). Les premières illustrations de ce thème ressemblent étrangement aux anciens sceaux sumériens représentant la Déesse et son fils de part et d'autre de « l'arbre de vie » et du serpent (symbole de régénération).*

« la Dame côte » et « la Dame qui donne la vie ») laquelle devient la déesse de l'enfantement. Même si Ève (en hébreux Hawwâh) signifie « mère de tous les vivants », il lui était reproché d'être la corruptrice de l'homme et l'origine de tous ses maux, des reproches que l'on adresse depuis à toutes les femmes, ses descendantes.

À la lumière des autres manifestations bibliques de la Déesse, dont Shekhina, on peut penser que le péché d'Ève était désir de connaissance, et que la « chute » est le symbole de son humanisation. C'est le comportement d'Ève qui a introduit la mort dans le monde, non pas une mort annonciatrice de régénération comme dans tous les mythes relatifs à la Déesse, mais la cessation terrifiante de la vie. Et comme la Déesse personnifie la nature, à la suite de la « chute » d'Ève, la nature fut considérée comme vile et méprisable (cf. p. 73).

LA MATRONIT

La kabbale, le courant ésotérique et mystique du judaïsme, se développa au Moyen Âge et devint un mouvement de masse parmi les juifs européens à la suite de l'expulsion des juifs d'Espagne, en 1492.

À cette époque-là, la Matronit, ou Matrone, était devenue la manifestation la plus populaire de Shekhina, et comme la Vierge Marie, son *alter ego*, elle accomplissait des miracles et était vénérée pour sa générosité et sa bonté. Selon la tradition, lorsque Dieu se retira au plus haut des cieux à la suite de la destruction du temple de Jérusalem, la Matrone, elle, demeura sur terre auprès de ses enfants.

Pour le Zohar, ouvrage kabbalistique du début du XIVe siècle, elle est le quatrième élément du tétragramme kabbalistique composé des quatre consonnes du nom de Dieu : YHWH (Yahweh). Y représente le père (sagesse), le premier H la mère (connaissance), W le fils (beauté) et le second H la fille (royauté). La Matronit a elle-même une quadruple nature qui l'apparente à la grande déesse du Moyen-Orient : elle est virginale et licencieuse, maternelle et destructrice. Figure fantasmatique, elle est pure jusqu'à ce que le suppliant éveille son désir pour la première fois et la change en prostituée, mais elle retrouve son naturel chaste en son absence. Elle est la protectrice par excellence, et satisfait le besoin de réconfort qui existe en chaque être humain.

Boèce recevant la visite de Sagesse *(manuscrit allemand du XIIe siècle). Boèce (vers 480-524) écrivit son chef-d'œuvre,* La Consolation de la philosophie, *en attendant son exécution. Il y explique comment la philosophie, personnifiée par une femme, vint lui enseigner que tous ses maux, y compris sa mort, lui vaudraient un plus grand bien.*

La vie sexuelle de la Déesse

Dans une religion dont le panthéon est anthropomorphe, toute création est inévitablement en relation avec la vie sexuelle des dieux et des déesses. C'est pourquoi les divinités qui président à la fécondité et à la fertilité ont une activité sexuelle intense afin d'assurer l'abondance de la nature. Une activité qui n'est absolument pas limitée par le caractère maléfique et destructeur de certains des êtres nés de leurs multiples unions. Parce qu'elles doivent maintenir l'équilibre cosmique (cf. p. 60-61), elles ne sont pas seulement en droit de produire le bien et le mal, sous leurs innombrables aspects, elles sont tenues de le faire.

La Déesse n'hésitait pas à user de ruse et de magie pour satisfaire son vigoureux appétit charnel, et ses prouesses sexuelles étaient très prisées et hautement respectées ; elles étaient représentées sous forme de drames rituels, suscitaient l'émulation parmi ses prêtresses, et étaient imitées par ses adeptes lors de cérémonies orgiaques. De plus, dans un certain nombre de sociétés où l'union charnelle faisait partie intégrante d'une cérémonie sacrée reproduisant l'acte divin de la création, la vie sexuelle de la Déesse servait de modèle à la prostitution sacrée.

Niu-koua (« restauratrice de l'harmonie cosmique »), la créatrice chinoise, et Fou-hi, son parèdre, enroulés l'un autour de l'autre (bannière funéraire en soie, VIe ou VIIe siècle)

La fonction créatrice

De nombreuses sources, littéraires, historiques et archéologiques, indiquent que la pratique des techniques conduisant au plaisir sexuel avait dans de nombreuses civilisations anciennes le même statut que la pratique des arts dans nos sociétés contemporaines. Ces techniques avaient atteint un tel niveau de développement, de raffinement et de sophistication qu'elles servirent de fondement aux idées religieuses et philosophiques. L'instant de l'union charnelle était tenu pour la suprême expression de la créativité humaine.

Les habitants de Sumer, qui considéraient le sexe comme une activité complexe, agréable et bénéfique, sur le plan physique comme sur le plan spirituel (à la façon du yoga), vénéraient généralement une déesse suprême. Dans leur système de croyances, le coït était un acte dont l'importance dépassait de beaucoup le simple plaisir charnel, ou la nécessité de préserver l'espèce. Une telle morale sexuelle n'a pas manqué d'inspirer de nombreux textes érotiques tels que les hymnes sumériens à Inanna (cf. p. 77), les drames rituels ougaritiques (cf. p. 82), plusieurs ouvrages japonais, dont le *Nihongi* et le *Kojiki*, et divers écrits médico-philosophiques chinois ; mais le plus fameux de ces textes est le *Kâma sûtra*, attribué à Vâtsyâyana (Inde, IVe siècle).

La notion de péché est totalement absente de cette littérature. Le *Kâma sûtra* contient des descriptions franches et détaillées des charmes féminins, depuis les cils jusqu'aux doigts de pied, mais principalement du yoni (la vulve ; cf. p. 96-97) qui est comparée à « l'éclosion du bouton de lotus », et dont « le parfum ressemble à celui du lis juste éclos ». Vâtsyâyana et son *Kâma sûtra* ont inspiré les auteurs des *tantra*, les textes sacrés du tantrisme qui remontent au moins au VIe siècle. Les philosophies mystiques asiatiques regroupées sous le nom de tantrisme conçoivent l'univers comme soustendu par un réseau de vibrations énergétiques émises par l'activité sexuelle du dieu Siva (passif et inconnaissable) et de Sakti, le principe féminin, actif, qui lui est associé. L'une des « cinq pratiques » tantriques est la *kamakala dhyâna*, méditation sur l'art de l'amour, et le désir éprouvé par l'adepte pour le yoni de la déesse est au centre de sa dévotion.

Figuration tibétaine du Bouddha s'accouplant avec la source féminine de sa sagesse et de son pouvoir (bronze, XVIIIe siècle)

L'amour physique est présent dans un certain nombre de traditions tantriques, en tant qu'allégorie de l'union mystique entre la Déesse et son serviteur. Tout en garantissant la paix après la mort, cette union apporte également *jivanmukti*, la libération en ce monde. Les rapports sexuels sont censés renverser les barrières sociales, et débloquer le flot des énergies indispensables à la fonction créatrice de la Déesse, une fonction que l'adepte s'efforce d'imiter lors de l'acte sexuel.

Les *tantra* et le *Kâma sûtra* élèvent la femme en la coulant dans le même moule que la Déesse (cf. p. 96-97). À l'autre extrême, l'Apocalypse de saint Jean l'Évangéliste, qui clôt le Nouveau Testament de la Bible chrétienne, retentit des imprécations lancées à l'encontre de « l'abomination et le caractère répugnant... de la fornication ». Les femmes, les cités et la Déesse (sous forme de la grande prostituée de Babylone) sont condamnées comme pécheresses ayant colporté cette marchandise dégoûtante qu'est le sexe.

Cependant, même si les religions centrées sur des divinités masculines – principalement les trois grandes religions monothéistes – sont loin d'avoir une attitude aussi positive vis-à-vis de la sexualité que les religions qui rendent un culte à la Déesse, elles n'y sont cependant pas toujours activement opposées.

Mahomet, pour sa part, n'a jamais prôné le célibat, et le Coran contient peu de traces de la haine du sexe. Quant à la Bible, elle a incorporé le très sensuel, très érotique et très païen Cantique des cantiques, attribué parfois au roi Salomon (cf. p. 89).

TÂRÂ ET LES *DAKINI*

Mahatârâ (la grande Târâ, la grande étoile, la mère suprême, appelée aussi Dôlma) est la plus populaire des divinités tibétaines. Elle a son origine dans la déesse hindoue Kâlî, et fut incorporée dès le IIIe siècle au panthéon du mahayana (un des courants du bouddhisme). Suprême créatrice elle donne la vie aux *bodhisattvas* eux-mêmes. Elle est également la déesse de l'ascétisme, de la quête de la sagesse, et ses adeptes invoquent ses cent huit noms en égrenant leur chapelet.

L'importance du principe féminin dans le bouddhisme tibétain est illustrée par le fait que même les *bodhisattvas* ont une compagne (considérée souvent comme leur « énergie » ou leur « pouvoir ») appelée une *dakini*. Comme Târâ, les *dakini* sont des initiatrices ; elles transmettent à l'homme un savoir ésotérique, habituellement en lui communiquant leur énergie divine lors de l'acte sexuel. Dans la littérature tibétaine moderne, elles sont devenues des personnages fantasmatiques appelés *kha-do-mas* ou « habituées du ciel ».

Dakini *tibétaine (XVIIe siècle). Dans certaines branches du bouddhisme tantrique, on initie le néophyte en plaçant dans son giron une statuette de* dakini *afin de symboliser une union sexuelle.*

La vulve

Représentation du pubis de la Déesse, le triangle a été vénéré depuis le paléolithique, et utilisé comme symbole de fertilité et porte-bonheur (cf. p. 12-15). Il a été exagéré sur de nombreuses figurations de « vénus », repris de façon stylisée par diverses formes d'art, et a servi d'élément de base aux écritures cunéiformes, les plus anciennes qui soient.

Souvent symbolisée par un bouton de lotus, la vulve de la Déesse (en sanskrit : yoni) est l'entrée et la sortie de l'espace intra-utérin ; elle ne se contente pas de donner naissance, elle est également l'issue par laquelle la vie quitte ce monde, et dans plusieurs cultures, elle devient une entité indépendante, redoutable et dotée d'une forte dentition, connue des mythologues sous le nom de *vagina dentata*. Chez les Navajos et les Apaches, on trouve plusieurs contes dans lesquels un héros culturel tel Tueur de Monstres, fils de Femme changeante (cf. p. 112), châtie les personnifications, ambulantes et dévorantes, des organes génitaux féminins. Une imagerie éminemment phallique est associée à ces triomphes sur les femmes-vagins : Tueur de Monstres tue Vagin comblé (la plus féroce, celle qui s'accouple avec des cactus) en introduisant en elle une massue pour briser ses dents pointues.

Ustensile rituel en forme de yoni (Inde, XVIIIe siècle). Il contenait l'huile utilisée lors des libations.

Les Pueblos et d'autres peuples amérindiens représentent rituellement le bris des dents d'une femme-vagin à l'aide d'un phallus de bois sculpté. Et de très nombreux mythes traitent de l'obligation faite à une femme-vagin de respecter les tabous concernant les menstrues et la parturition. Son saignement vaginal, autrefois placé sous son contrôle et représentant un aspect important de son pouvoir, est désormais limité à une

SHEELA-NA-GIG

Les figurations de la Sheela-na-gig, ou Sheela-na-Cloich, qui conservent le souvenir d'une déesse celtique, ou préceltique, de la création et de la destruction, et représentent la Déesse sous son aspect fantasmatique de « mère dévoreuse », se trouvent dans les églises et les châteaux des îles britanniques (principalement en Irlande). Comme les « femmes aux serpents », les sirènes-oiseaux, sirènes-poissons et sirènes serpentines qui figurent dans les églises romanes de l'Europe occidentale continentale, elles sont supposées représenter la luxure, la sexualité débridée, l'aspect iabolique de la féminité.

Certains auteurs associent la Sheela à la déesse Brigit (cf. p. 35) qui présidait aux festivités du printemps. Elle serait alors l'image sexuelle de cette divinité par ailleurs virginale, et christianisée sous les traits de sainte Brigit, symbole de chasteté.

Sheela *située au-dessus de la porte du Prêtre de l'église de Buckland (Buckinghamshire, Angleterre)*

période mensuelle et au moment de l'accouchement.

La peur de la vulve dévorante est absente du culte dédié au yoni hindou. Personnifiée généralement par Ḍevî ou Kâlî, la Déesse est représentée debout ou couchée sur le dos, jambes écartées, donnant libre cours à la sécrétion de son vagin, *yoni-tattva*, un élixir divin que ses adorateurs recueillent dans leur bouche.

Un passage d'un texte mystique intitulé *Yoni-tantra*, conte comment Siva, accablé de chagrin, transportait avec lui le cadavre de la déesse Saktî, son épouse, et comment Brahma coupait des morceaux du cadavre et les jetait au loin pour alléger le fardeau de Siva. Le yoni tomba sur terre à Kamakhya (Assam) où un temple fut érigé en son honneur.

Dans ce temple, le yoni est symbolisé par un rocher fendu et maintenu humide grâce à une source dont l'eau coule rouge une fois l'an, au début de la mousson (à cause de la présence d'oxyde de fer dans le sol). Pour les adeptes, cette « menstruation » annuelle est la meilleure preuve que la Déesse et la Terre ne font qu'une.

Dans toute l'Inde, des formations rocheuses, des grottes et des dolmens sont l'objet d'un culte particulier parce qu'ils possèdent une ouverture en forme de yoni que les pèlerins franchissent en rampant, dans un sens puis dans l'autre, pour simuler une mort et une renaissance. Des bassins triangulaires ont été construits à l'extérieur des temples hindous, et des triangles rouges sont attachés aux autels. Parfois, un phallus noir et érigé figure au milieu du yoni ; l'ensemble est appelé alors un *yoni-lingam* et symbolise l'union de Siva et de Saktî, sa parèdre. Dans les textes mystiques de l'hindouisme tantrique, la sécrétion vaginale est souvent confondue avec le sang menstruel sous le nom de « sang nourricier » (cf. p. 139) ; elle est l'objet d'une vénération particulière, et on la dit douée de pouvoirs magiques et curatifs ; elle est appelée parfois *pushpa* (fleur) car comme la fleur de l'arbre fruitier, elle est l'annonciatrice d'un potentiel de fructification.

L'entrée de cette maison commune des Indiens Tlingits (littoral de l'extrême sud de l'Alaska) se confond avec la vulve de la mère ourse.

Servante des dieux

La prostitution sacrée était une activité honorable qui faisait partie intégrante des pratiques religieuses de nombreuses civilisations anciennes, au Proche-Orient, en Grèce et en Italie. En Inde, où le culte de la Déesse n'a jamais été éradiqué, on observe des vestiges de cette activité. Les obligations des prostituées sacrées, appelées « esclaves sacrées » en Grèce, et « servantes de la divinité » en Inde, ont varié d'une culture à l'autre. Dans l'ancienne Mésopotamie, les *qadishtu* étaient considérées comme les servantes d'Ishtar et se tenaient à la disposition de tous les adorateurs de la Déesse, moyennant une rémunération. Les *devadasi* de Puri (Inde) sont les servantes du seigneur Jagannatha ; elles ne sont censées s'unir qu'avec les brahmanes qui officient au temple de Jagannatha.

Dans tous les cas, la prostituée sacrée était la personnification d'une divinité. La plupart des déesses de l'amour ont patronné cette pratique, mais nous

Mariage de Zeus et Héra (vase grec, Vᵉ siècle av. J.-C.)

HÉRA ET ZEUS

Instituée à l'âge du bronze, la cérémonie commémorant le mariage sacré de Zeus et Héra était célébrée un peu partout en Grèce. Si les mythes helléniques tardifs firent d'Héra l'inférieure de son époux, il est probable qu'elle fut antérieurement une déesse suprême. Dans les formes primitives de la cérémonie, Zeus devait se sentir honoré d'être choisi comme « consort » de la Déesse. L'historien grec Hérodote (Vᵉ siècle av. J.-C.) pensait qu'Héra était plus ancienne que les autres divinités de l'Olympe et que les Hellènes l'avaient empruntée aux populations qui les avaient précédés dans le nord de la Grèce.

À Cnossos, le mariage sacré était commémoré par des rites représentant les noces du ciel et de la terre qui avaient rendu le monde fécond et magnifique. En Béotie, à l'occasion de festivités célébrées deux fois par siècle environ, on brûlait rituellement une vache et un bœuf devant les effigies en bois d'Héra et Zeus.

La théogonie homérique voit dans leur union le modèle sur lequel fut calquée la cérémonie du mariage humain. Homère contribua largement à rabaisser Héra et à lui faire perdre son autonomie de triple déesse (cf. p. 110). À la période classique, Héra fut purement et simplement réduite à son statut d'épouse. Même dans ses temples les plus anciens, comme à Stymphale, en Arcadie, sa triple nature ne fut plus comprise qu'en fonction de sa relation avec Zeus : on y vénérait Héra enfant, avant son mariage, Héra achevée et complète, du fait de son mariage, et Héra veuve, parce que séparée de Zeus.

Les attributions d'Héra se limitèrent peu à peu au sacrement du mariage, et son attitude violente et intolérante à l'encontre des liaisons de son époux fut attribuée à sa conception de la fidélité. Mais les scènes de ménage entre Zeus et Héra peuvent également être interprétées comme un souvenir dégénéré des conflits qui opposèrent l'ancienne religion (de type matriarcal) à la nouvelle (de type patriarcal).

Tête de la déesse Ishtar (Mésopotamie, 2500 av. J.-C.). Mère des prostituées, Ishtar décréta que toutes les jeunes filles de Babylone devraient servir dans son temple et s'y prostituer au moins une fois. Les prostituées sacrées recevaient une excellente éducation ; au regard de la loi, elles étaient les égales des hommes : elles pouvaient hériter de leur père et de leurs frères et avaient leur mot à dire à propos de la gestion et de la vente des biens familiaux.

savons peu de chose sur ses origines, et les théories abondent. Il est possible que les adorateurs de la Déesse aient cherché à imiter son union sacrée avec son fils-amant. Il se peut aussi que les captives de guerre aient été consacrées à des temples dédiés à la Déesse. Il est également possible que cette pratique remonte à un système tribal accordant le droit de cuissage aux chefs de communautés ; ceux-ci étant les représentants de la divinité, le fait de leur réserver l'hymen des jeunes filles de la tribu pourrait avoir été compris comme un rite de purification, une idée que l'on retrouve dans la pratique de la prostitution sacrée. L'historien latin Strabon (Ier siècle av. J.-C.) rapporte comment « une très belle vierge appartenant à l'une des familles les plus honorables » fut offerte aux dieux et se prostitua jusqu'à ce que « la purification naturelle de son corps fût accomplie ».

Devenue pubère, la jeune fille était offerte au temple et devait avoir des rapports sexuels avec au moins un homme avant de pouvoir reprendre sa liberté. À Corinthe, au temple d'Aphrodite Pandemos, les adeptes de la déesse venaient choisir une jeune femme instruite par les prêtres et les prêtresses. Le rite commençait par un bain, puis l'homme et la prostituée sacrée rendaient hommage à Aphrodite ; l'homme déposait dans le giron de la jeune femme l'argent représentant son offrande à la déesse ; et le rite se terminait par l'acte sexuel au cours duquel l'homme et la prostituée étaient censés représenter les principes divins masculin et féminin. Selon un commentateur grec, « les putains sacrées adoucissaient le caractère de l'homme ».

Jeune fille dansant en l'honneur de Krisna au temple de Trakamba. En Inde, la danse est une pratique cultuelle traditionnelle. Lors de certaines cérémonies, une devadasi *doit danser pour la divinité de son temple, et sa danse peut être considérée comme une forme symbolique de rapport sexuel.*

De la créatrice à la prostituée

Le concept d'une déesse suprême a été violemment combattu par les religions qui font une distinction stricte entre l'esprit et la chair, et enseignent qu'il faut renoncer à cette dernière pour trouver le salut. Ces morales de la transcendance postulent une divinité détachée de la nature, et ne peuvent qu'avoir en horreur une divinité qui est la nature même. Pour dénigrer la divinité féminine, les théologiens de ces religions ont choisi de la diviser en deux, attribuant sa spiritualité, sa sagesse et sa virginité à un principe divin masculin et abstrait ; ses qualités physiques et ses appétits à un principe divin féminin qu'ils jugent beaucoup trop concret.

La meilleure façon d'attaquer la divinité féminine était de s'en prendre à ses prêtresses (souvent des prostituées sacrées ; cf. p. 98-99), de refuser tout caractère sacré à la sexualité qui jouait un rôle si important dans le culte de la Déesse, d'aller même jusqu'à dénier qu'une femme puisse être sacrée. Pythagore (philosophe et mathématicien, VIe siècle av. J.-C.) affirmait : « Il y a un bon principe qui a créé l'ordre, la lumière et l'homme ; et un mauvais qui a créé le chaos, l'obscurité et la femme. » Saint Paul pensait quant à lui que le sexe était un regrettable besoin de l'humanité qu'il valait mieux réprimer, et qu'il était préférable que « l'homme ne touche pas à la femme ».

Lorsque les Hébreux envahirent le pays de Canaan (cf. p. 38), ils imposèrent des lois qui privaient les prostituées sacrées du statut privilégié

LILITH

La déesse sumérienne Lilith fut incorporée dans les Écritures judaïques sous le nom de Lilith, la première compagne d'Adam. Créée en même temps que lui, de la même poussière, elle refusa d'être sa servante, son inférieure. Personnification de la sexualité dépravée, elle se brouilla avec Iahvé lorsqu'elle exigea de chevaucher Adam durant l'union sexuelle pour ne pas se trouver en position d'infériorité. Elle découvrit le nom secret de Iahvé et réclama des ailes pour s'envoler loin de l'Éden, et aller vivre en liberté dans une grotte au bord de la mer.

Elle serait devenue par la suite la maîtresse du démon Samaël et la mère de centaines de démons. Selon d'autres traditions rabbiniques, elle se serait unie une dernière fois à Adam et aurait donné naissance aux *shedim*. Selon la tradition musulmane, elle aurait cohabité avec le diable et enfanté les djinns.

Lilith/Inanna portant une couronne lunaire (bas-relief mésopotamien ; 2000 av. J.-C.)

qui était le leur depuis les premiers codes de loi sumériens. Les temples changèrent peu à peu de fonction. Les hommes vinrent prier pour demander à être libéré du désir sexuel à l'endroit même où ils avaient vénéré auparavant les plaisirs de la chair. Les temples cessèrent de servir de cadre à des cultes joyeux pour devenir des lieux de pénitence et de peur. L'union avec le divin se réduisit à un processus purement spirituel. La Déesse et ses représentants furent accusés d'être profanes et condamnés en tant que tels.

En Inde, le gouvernement et les élites considèrent les prostituées sacrées comme une source d'embarras, un anachronisme indigne d'un État moderne. La prostitution sacrée a fleuri en Inde jusqu'à ce qu'elle devienne la cible des autorités coloniales anglaises, puis des dirigeants indiens anglophiles. La première loi antiprostitution sacrée fut passée à Madras en 1947, mais la plupart des États qui composent l'Union indienne se contentent de décourager cette pratique qui se meurt d'elle-même.

Collier porté par les prêtresses/prostituées d'Inanna (Ur, IIIe millénaire av. J.-C.)

La personnification du principe divin féminin a survécu dans le judaïsme sous la forme de Sophia (La Sagesse) qui était connue à une certaine époque sous le qualificatif de *prunikos* (malpropre ou prostituée). Dans le Livre des Proverbes, Sophia parle de la création du monde et des liens qui l'unissent au Créateur :

Ève au jardin d'Éden (miniature turque de la fin du XVIe siècle). Ève fut accusée par l'Église primitive d'avoir introduit dans le monde le péché en général, et le sexe en particulier.

J'étais à l'œuvre auprès de lui,
Et je faisais tous les jours ses délices,
Jouant sans cesse en sa présence,
Jouant sur le globe de sa terre,
Et trouvant mon bonheur parmi
les fils de l'homme.

Il est possible de voir dans ce texte une référence voilée à la prostitution sacrée. Dans un autre passage du même Livre, les rites sexuels du culte d'Ishtar sont assimilés à la dépravation et au mal. Ishtar est appelée la Grande Prostituée, et il en va de même pour Babylone, la cité dont elle était la divinité tutélaire. Ishtar est considérée comme une tentatrice et une séductrice de la pire espèce.

Déesse de l'amour

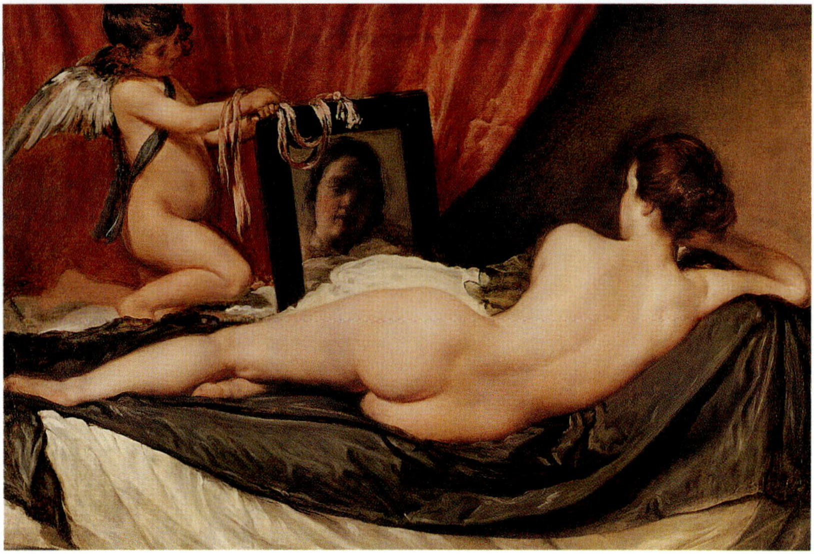

La Toilette de Vénus *(Velazquez, 1651). Connue principalement comme déesse de l'amour sensuel, Vénus présidait également à la croissance des végétaux et à la beauté de la nature disciplinée.*

Les déesses de l'amour ont toujours eu tendance à être les divinités les plus populaires de tous les panthéons. Le plus grand temple de Rome était dédié à Vénus et situé dans l'enceinte du *Circus maximus*. Les déesses de l'amour ont un certain nombre de traits communs : elles sont généralement associées à l'eau et éprouvent un attrait tout particulier pour les objets brillants et colorés, dont les fleurs.

L'une des plus célèbres parmi ces déesses de l'amour et des fleurs est l'aztèque Xochiquetzal qui prêchait la liberté sexuelle et survécut à un déluge, après lequel son parèdre et elle repeuplèrent le monde.

Les déesses de l'amour sont souvent couvertes de bijoux : ainsi l'hindoue Laksmî, lorsqu'elle émerge de l'écume de l'océan, ou l'afro-américaine Oshun, épouse de Shango (cf. p. 48), avec son penchant pour les métaux précieux, les joyaux et les parures. Erzulie, divinité du vaudou, se pare de fleurs et de bijoux. Présidant habituellement à la beauté et à la sexualité, les déesses de l'amour se caractérisent par un certain narcissisme et un goût prononcé pour la flatterie.

À l'origine, Laksmî, une des manifestations de Devî-Sakti, le principe sexuel dont les efforts générèrent l'univers, était appelée Srî. À travers ses incarnations successives, elle fut de plus en plus liée à son époux, Visnu le Sauveur. Comme Râdhâ, Laksmî était une femme mariée qui éprouvait une passion sans bornes pour Krisna, l'avatar de Visnu.

Le recueil de poésies hindou le plus érotique conte comment Rhâdâ s'esquivait de chez son mari (qui était un mortel) pour rejoindre le dieu Krisna. Dans ces poèmes, Râdhâ se révèle une déesse de la chance très volage, et une déesse de la fertilité pour laquelle la fidélité importe peu.

La plupart des déesses de l'amour ont un partenaire qu'elles aiment plus que tous les autres, ce qui ne les empêche pas de se livrer à une quête insatiable du plaisir charnel. Ainsi, Freyja qui a pour amants la quasi-totalité des dieux du panthéon scandinave, demeure secrètement fidèle à Freyr, son frère et amant. Anat, la Cananéenne, a le même genre de rapports avec Ba'al. Certaines traditions font d'Aphrodite l'épouse d'Héphaïstos, dieu grec du feu et des métaux, boiteux et laid, qu'elle trompe régulièrement. Sa passion pour le jeune et bel Adonis était commémorée annuellement (cf. p. 80-81), son attachement pour Arès, dieu de la guerre, était connu de tous, et de son union avec Dionysos, dieu de la vigne et du vin, naquit Priape, divinité ithyphallique. Lassé de ses infidélités, Héphaïstos la surprit alors qu'elle faisait l'amour avec Arès ; il les captura tous les deux dans un filet invisible, et invita les autres dieux à jouir du spectacle. À la suite de cette mésaventure, Aphrodite donna naissance à Éros et plusieurs autres enfants.

Cette union de l'amour et de la guerre se retrouve dans d'autres mythologies. Vénus, déesse romaine de l'amour, était l'amante, ou l'épouse, de Mars, dieu de

Prêtresses d'Ishtar conduisant un haut fonctionnaire devant le roi (sceau babylonien, 2000 av. J.-C.). L'union charnelle du roi et d'une femme représentant la déesse était une garantie de fertilité pour le royaume.

AVATARS DE LA DÉESSE

Les prêtresses d'une déesse de l'amour ne se contentaient pas d'être ses servantes. Lors de certaines cérémonies, elles personnifiaient la déesse et accordaient « ses » faveurs à ses adorateurs, de manière à assurer la prospérité de la terre, de la cité, du royaume (à Sumer, le roi s'unissait charnellement à la grande prêtresse d'Ishtar pour confirmer son droit à la couronne).

En charge de la procréation et de la fécondité, les déesses de l'amour étaient fortement sexualisées. Pourtant, elles présidaient à toutes les formes d'amour : charnel, spirituel, maternel, amical, etc.

La sexualité devenant de plus en plus tabou dans de nombreuses sociétés, les attributions des déesses de l'amour furent redéfinies. Platon (philosophe grec, 428-348 av. J.-C.) faisait la distinction entre Aphrodite Urania qui personnifiait l'amour spirituel, ou religieux, et Aphrodite Pandemos qui personnifiait l'amour charnel, ou profane, et était connue à Corinthe sous le surnom de Porne. Bien évidemment, les prostituées sacrées (cf. p. 98-99) n'étaient en rapport qu'avec l'aspect charnel et profane des déesses de l'amour.

Le temple des vestales avait la réputation d'être le lieu de culte le plus ancien de Rome.

VESTALES ET PROSTITUÉES SACRÉES

À première vue, les vestales romaines (cf. p. 116-117) semblent être tout le contraire des prostituées sacrées. Chargées d'entretenir le feu sacré dans le temple de Vesta, et vouées à la chasteté, elles étaient fouettées pour toute infraction à leur règle, et enterrées vivantes en cas de manquement à leurs vœux.

Cependant, les prostituées sacrées qui étaient au service de déesses telles qu'Aphrodite ou Inanna (cf. p. 98-99) se trouvaient soumises elles aussi à des règles particulièrement strictes. Quant à Vesta, c'était une déesse de la terre comme la plupart des déesses que servaient les prostituées sacrées.

Robert Graves, érudit et poète du XXe siècle, a émis l'hypothèse selon laquelle les vestales auraient été à l'origine des prêtresses-prostituées qui prenaient part à des orgies royales à la suite desquelles elles mettaient au monde les enfants parmi lesquels était choisi le futur roi de Rome. Selon Graves, la loi obligeant les vestales à conserver leur virginité aurait été promulguée par Tarquin le Superbe, septième et dernier roi de Rome (534-509 av. J.-C.).

la guerre. Erzulie, déesse de l'amour originaire du Bénin (Afrique de l'Ouest), est devenue l'une des principales divinités du panthéon vaudou. Son consort officiel est Agive, dieu de la mer, mais Ogoun, dieu de la guerre, est son compagnon attitré.

Dans le vaudou, la création du monde est attribuée conjointement aux principes divins masculin et féminin, mais si la déesse n'est pas la seule responsable de la genèse, elle représente la différence entre les animaux et les humains, ainsi que la perfection à laquelle ces derniers doivent s'efforcer de tendre, même si elle demeure toujours hors de leur portée ; elle est le rêve impossible qui justifie tous leurs efforts. Erzulie est très sensible au charme masculin, chez les dieux comme chez les humains, avec une nette préférence pour les bons danseurs, bien habillés et impeccablement propres. Les hommes qu'elle choisit se languissent d'amour pour elle et dédaignent désormais les femmes mortelles.

Comme ses homologues, Erzulie a un faible pour les bijoux, les fleurs et les beaux vêtements, et une passion pour le chant et la danse ; mais sa gaieté dissimule une fureur tenace que personnifie la plus terrifiante de ses manifestations : Erzulie Ge-Rouge.

En Haïti, le culte vaudou comprend

une cérémonie au cours de laquelle le *loa* (esprit) de Maîtresse (un autre aspect d'Erzulie, appelé aussi Erzulie Freda Dahomey) prend possession d'une des participantes. La cérémonie commence par un rituel long et complexe au cours duquel la possédée se purifie et satisfait aux exigences de propreté de la déesse avant de s'oindre le corps avec des parfums. Après s'être vêtue en prenant tout son temps, elle boit du vin et goûte aux gâteaux et aux autres mets délicats qui lui sont présentés. Enfin prête, elle paraît en public, s'intéressant principalement aux hommes, et choisissant les plus séduisants comme partenaires de ses danses, à la condition qu'ils n'aient pas consommé de boissons fortes.

Au milieu des éclats de rire et des danses frénétiques, la cérémonie atteint son paroxysme. Erzulie Ge-Rouge, l'aspect accablé de douleur de la déesse, prend bientôt le dessus et la possédée se met soudain à pleurer à chaudes larmes sur tout ce qui va mal dans le monde, se plaignant d'être mal aimée, et se lamentant sur ses rêves non réalisés. La transformation de la possédée est aussi étonnante qu'inattendue. Le personnage narcissique et extatique s'est transformé en une désespérée qui serre si fort les poings que ses ongles s'enfoncent dans ses paumes, la blessant jusqu'au sang. Elle pleure toutes les larmes de son corps, jusqu'à atteindre un paroxysme de douleur et de fureur qui finit par la paralyser. C'est l'image archétypique de la Déesse pleurant sauvagement la mort de son fils/amant (cf. p. 80).

En Haïti, Erzulie Ge-Rouge a été confondue avec la version christianisée de la Déesse éplorée, la Vierge Marie des pietà, se lamentant sur le cadavre de son fils (cf. p. 80).

Greta Garbo en prêtresse-esclave asiatique dans le film Mata Hari *(1931)*

On a prétendu que les déesses de l'amour avaient également survécu jusqu'en plein XXe siècle, en Inde comme en Occident, sous la forme des stars féminines du cinéma. Ces « déesses de l'écran » ont leurs adorateurs fervents qui ne cessent de leur faire des présents et de solliciter leurs faveurs (ne serait-ce que des autographes). Elles sont connues et révérées par l'intermédiaire de leur image, et suscitent des milliers de « prêtresses » profanes qui s'efforcent de les imiter et, ce faisant, les personnifient.

Marie Madeleine

Sainte Marie et sainte Marie Madeleine priant au pied de la croix (détail du retable d'Issenheim exécuté, entre 1512 et 1515, par Matthias Grünewald)

Le Nouveau Testament parle de plusieurs femmes appelées Marie. Au chapitre huit de l'Évangile de saint Luc, Marie de Magdala apparaît dans l'entourage de Jésus après le repas offert par Simon le Pharisien. On l'assimile généralement à la « pécheresse » qui vient chez Simon laver et oindre les pieds du Christ. Ladite pécheresse n'est pas nommée par saint Luc, mais saint Jean l'appelle Marie de Béthanie, sœur de Marthe et de Lazare. Le théologien Origène (vers 185-vers 254) différencie ces deux Marie et la pécheresse anonyme, et l'Église orthodoxe grecque fête ces trois saintes à trois dates différentes ; alors que l'Église catholique a regroupé ces trois femmes sous le nom de sainte Marie-Madeleine, fêtée le 22 juillet.

Dans l'Évangile de saint Matthieu, le Christ ressuscité apparaît en premier à « Marie de Magdala et l'autre Marie ». Selon saint Marc, Jésus aurait réservé sa première apparition *post mortem* à Marie de Magdala, « de laquelle il avait chassé sept démons ». Saint Jean est du même avis, mais ajoute que Marie de Magdala aurait tout d'abord pris le Christ ressuscité pour « le jardinier ». Nous avons là les premiers indices qui permettent de penser que la Madeleine pourrait avoir été empruntée par la tradition chrétienne à une tradition plus ancienne dans laquelle elle aurait été un avatar de la Déesse. Inanna et Ishtar, deux déesses mésopotamiennes, doivent franchir sept portes pour descendre aux Enfers et en remonter ; et le fils-amant d'Inanna revenu du pays des morts est qualifié habituellement de « jardinier ». Geoffrey Ashe, un érudit contemporain, cite des textes coptes dans lesquels la Madeleine apparaît en rêve à un homme pour lui révéler que la Vierge et elle ne font qu'une, comme si les deux Marie n'étaient que deux aspects d'un même personnage, à la fois vierge et prostituée comme Ishtar, Inanna et d'autres déesses.

Chassée de Palestine par les persécutions, Marie Madeleine aurait débarqué en Provence, à l'endroit appelé aujourd'hui Les Saintes-Maries-de-la-Mer, en compagnie de Marie-Jacobé, sœur de la Vierge et mère des saints Jude et Jacques le mineur, et de

LE GNOSTICISME

Marie Madeleine est une figure centrale du gnosticisme, une philosophie mystique inspirée par le christianisme et qui l'inspira en retour au cours des IIe et IIIe siècles. Ses adeptes croyaient que la connaissance (en grec *gnôsis*) était la seule voie vers le divin.

En tant que prostituée repentie, la Madeleine possédait une parfaite connaissance des choses de ce monde ; en tant que confidente ou, selon certaines traditions, épouse du Christ, elle était un réservoir de sagesse spirituelle. Grand pourfendeur d'hérétiques, saint Épiphane (vers 315-403) affirmait que des sectes chrétiennes dissidentes vénéraient une trinité sexuelle composée de Jésus, Marie, et une autre femme que le Messie aurait créée en la tirant de son flanc. Dans *Pistis Sophia*, un texte égyptien du IIIe siècle, Jésus loue à maintes reprises le savoir de sa mère et affirme : « Marie de Magdala et Jean doivent être placés au-dessus de tous mes disciples et de tous les hommes qui seront initiés aux mystères de l'Ineffable. »

Chaque secte gnostique avait sa propre conception de la création, de la chute et de la rédemption, mais tous les gnostiques recherchaient l'union avec Dieu par l'intermédiaire de l'étude et d'une dévotion passionnée qui s'apparentait à l'amour charnel ; d'où leur vénération pour l'acte sexuel condamné par les Pères de l'Église. Pour la plupart des gnostiques, le croyant qui possédait le plus de potentiel spirituel était celui qui recherchait Dieu au moyen de l'expérience physique, et la Madeleine était l'incarnation de cet idéal.

La Madeleine au désert, *peinte par le Corrège (vers 1489-1534).*

Marie-Salomé, mère des saints Jean et Jacques le Majeur. Selon la tradition provençale, Marie Madeleine aurait quitté les deux autres Marie pour aller prêcher la bonne parole à Marseille, puis vivre en recluse pendant trente ans dans une grotte au flanc d'une montagne devenue depuis la montagne de la Sainte-Baume (de la sainte grotte) ; enfin, transportée par les anges au pied de cette montagne, elle aurait rendu le dernier soupir dans les bras de l'ermite Maximin qui l'enterra dans la crypte au-dessus de laquelle s'élève aujourd'hui la basilique de Saint-Maximin-la-Sainte-Baume.

Le culte de Marie Madeleine a connu en France un développement extraordinaire qui a fait de Vézelay et Saint-Maximin deux hauts lieux de la chrétienté ; et il a été associé depuis l'origine à des pratiques et à des rites destinés à favoriser le mariage des jeunes filles, et assurer la fécondité des femmes mariées. Avant la venue de la Madeleine, la Sainte-Baume était le domaine de la grande déesse néolithique ; en témoignent les nombreux signes gravés en forme de vulve, et les figurations de la « déesse en forme de stèle » qui ont été découverts, à 5 kilomètres à vol d'oiseau de la « sainte grotte », dans une série de grottes de la vallée du Haut-Caramy, un cours d'eau qui aurait été créé par les larmes de la sainte.

La vierge, la mère et la vieille

Pour les mythologies de nombreuses cultures ainsi que pour le courant de pensée féministe et païen d'aujourd'hui, la Déesse représente trois stades de l'existence d'une femme qui correspondent à trois phases de la lune. La nouvelle lune est associée à la vierge, la pleine lune à la femme à l'apogée de son activité sexuelle (mère, amante ou prostituée), la lune décroissante à la vieille. Chacune de ces trois manifestations correspond à un besoin particulier de la société, et la possibilité de n'invoquer qu'une de ces manifestations rend la Déesse plus facilement accessible.

Le concept d'une déesse triple existe dans la plupart des cultures, et chacun des trois aspects peut à son tour se subdiviser en de multiples manifestations, ce qui a valu à la Déesse le surnom de « Celle aux mille noms ».

Les déesses celtiques vont souvent par trois ou par neuf, tandis que le nombre des Valkyries varie, selon les sources, de trois à trois fois neuf, et que les trois Nornes, leurs compatriotes, personnifient le triple aspect du temps : passé, présent et futur.

Rite de puberté chez les Apaches. La jeune fille qui devient femme a pour marraine une femme plus âgée qui se charge de son éducation pratique et spirituelle.

Les cycles de la Déesse

Les divers aspects de la Déesse, comme ceux de la nature, se succèdent souvent par cycles de trois. Toutes les deux sont tour à tour en friche, fertiles et productives, reproduisant le cycle féminin au cours duquel se succèdent le saignement menstruel, l'ovulation et la grossesse. Ces cycles ternaires sont en accord avec les trois phases successives par lesquelles passe l'existence d'une femme : la jeune fille impubère, la jeune femme féconde et prolifique, la femme ménopausée, qui a acquis la sagesse et impose le respect.

Ces trois personnifications symboliques se retrouvent dans de nombreuses cultures sous la forme d'une Déesse à la triple nature, à la fois vierge, mère et vieille, qui est à mettre en parallèle avec d'autres phénomènes trines : le continuum de l'existence (naissance, vie et mort), les trois éléments du temps (passé, présent et futur) et de l'espace (les cieux, la surface de la terre/mer, le monde souterrain/sous-marin), les phases de la lune (nouvelle, pleine et déclinante).

Les triades de divinités féminines sont courantes chez les Celtes (Matres ou Matrones, Macha, déesses éponymes de l'Irlande), mais plus encore chez les Grecs (Parques, Gorgones, Érinyes, Euménides) où les Saisons n'étaient pas quatre, mais deux seulement avant d'être trois ; où les Muses étaient trois fois trois ; où Héra était vénérée à Stymphale sous son triple aspect d'enfant, d'épouse et de veuve (cf. p. 98) ; et où Déméter, Corè et Hécate étaient souvent présentées comme une trinité.

La plus ancienne représentation de Déesse triple date de 13000 ans av.

Rite de puberté en Nouvelle-Guinée. Les transitions entre les phases de la vie d'une femme sont souvent marquées par des rites de passage.

UNE ET MULTIPLE

La nature multiple et complexe de la Déesse ne facilite pas le décryptage des mythes. Ainsi les relations de Corè et Déméter (cf. p. 70-71 et 76-78) sont l'objet de débats passionnés. Pour les uns, elles représentent la fille vierge et la mère expérimentée ; pour les autres, elles ne sont que deux aspects différents d'une même divinité. Certains chercheurs, principalement ceux qui sont issus de cultures hétérogènes comme celle de l'Inde, pensent que chaque déesse est différente des autres car elle est l'expression des besoins culturels et des aspirations d'un peuple particulier. Pourtant ce sont précisément les cultures les plus complexes qui fournissent les arguments les plus éloquents en faveur de l'unité de la Déesse, comme par exemple les multiples aspects de la déesse hindoue Kâlî (cf. p. 138-139).

J.-C. ; il s'agit de trois personnages féminins de grande taille qui ont été sculptés au-dessus d'un bison sur la paroi d'une grotte située à Angles-sur-l'Anglin, dans le département de la Vienne.

Selon la tradition de l'hindouisme sâktique, la *trimurtî* (trinité) masculine formée de Brahma le Créateur, Visnu le Sauveur et Siva le destructeur, ne serait qu'une simple copie de la toute-puissance de Devî, la Déesse, qui regroupe ces trois fonctions.

La Déesse vierge est identifiée au croissant de lune. Elle est à la fois séduisante et intimidante, virginale et guerrière, ou chasseresse (cf. p. 140-141), candide et féroce, comme Athéna ou Artémis. En elle, la chaste innocence voisine avec un instinct sauvage qui va jusqu'à patronner l'activité sexuelle débridée.

Lorsqu'elle est identifiée à la pleine lune, la Déesse peut être aussi bien mère que prostituée, et dans de nombreux mythes, maternité et prostitution sont considérées comme deux actes créateurs placés sur un plan d'égalité puisque l'activité de la prostituée sacrée contribue à assurer la fécondité des femmes et la fertilité de la terre. Parvenue à maturité, la Déesse peut devenir une prédatrice sexuelle capable d'épuiser l'énergie vitale de son partenaire.

Dans sa troisième et dernière phase, la Déesse est identifiée à la lune décroissante qui s'apprête à plonger le monde dans l'obscurité. Juge impitoyable (cf. p. 48-49) et initiatrice généreuse aux mystères du monde souterrain (cf. p. 70-71), elle a gardé un solide appétit sexuel et, comme Hécate, Circé ou Cailleach, s'accouple avec des hommes jeunes.

Les Trois Âges de la femme et la Mort *(1511) de Hans Baldung (vers 1484-1545). Comme beaucoup de peintres de la Renaissance, Baldung représente le vieillissement de la femme en termes de sexualité et de fécondité. Les représentations des trois âges de l'homme avaient plutôt tendance à montrer le passage de l'innocence à la force, puis de la force à la sagesse.*

Femme changeante

La première menstruation, le moment où la jeune fille devient femme, a été, est encore, au centre de nombreux rites de par le monde.

Les femmes pitjantjatjaras, des Aborigènes du désert occidental australien, représentent à cette occasion un drame rituel en sept actes dont les deux premiers décrivent la découverte de la nourriture, de l'eau et des abris. Le troisième acte dépeint la première menstruation de la jeune fille pour laquelle on célèbre la cérémonie. Au cours des quatre derniers actes, la jeune fille nouvellement pubère, initiée à l'art du sexe par une femme, découvre le désir sexuel, cherche et trouve un homme à son goût (interprété par une femme ménopausée). Dans une variante du même drame rituel, la jeune fille est enlevée et violée, puis les femmes se saisissent du violeur et l'émasculent ; mais dans les deux versions, le final consiste en chants et danses festives.

Chez les Navajos et les Apaches, Femme changeante est connue également sous d'autres noms : Femme-Coquillage blanc, qui apporta la lumière sur terre, ou Femme peinte en blanc, la mère des jumeaux tueurs de monstres, selon les traditions des Apaches chiricahuas. Dans la mythologie des Navajos, elle est Estsan Atlehi, « notre Mère à tous », et change de vêtements quatre fois par an en franchissant chaque fois l'une des quatre portes de sa demeure céleste pour créer les saisons. Elle se lève en même temps

RITE DE PUBERTÉ

Femme changeante est une divinité bien vivante. Ses adorateurs lui font des dons, la nourrissent, lui parlent, content et chantent son histoire, et célèbrent en son honneur les cérémonies marquant la première menstruation (en apache *na ih es*) des jeunes filles de leur communauté.

Selon la tradition chiricahua, il fut un temps où, avant de se disperser, tous les Apaches vivaient à Hot Springs. C'est là qu'ils reçurent leurs lois sacrées, et que Femme peinte en blanc (Femme changeante) leur enseigna le rite de puberté qui est encore célébré aujourd'hui.

Pendant les quatre jours qui suivent l'apparition

que les fleurs du printemps, arrive à maturité avec l'été, vieillit avec l'automne et s'endort avec l'hiver. Femme changeante représente tous les âges de la femme, mais plus particulièrement le moment de la première menstruation, une période de transition, bénéfique pour toute la communauté et fêtée comme il se doit (cf. p. 58).

Femme changeante a apporté aux Apaches et aux Navajos le savoir, la sagesse, les phases de la lune, le cycle menstruel, des chants, des rites et le concept de la quête de vision. Elle a appris aux Navajos à bâtir des huttes en forme de dôme, les *hogans*, et leur a fait don du maïs. Divinité principale de leur panthéon, elle a créé Première Femme et Premier Homme, et leur a enseigné comment vivre en accord avec la nature. Dans une autre version du même mythe, Femme changeante aurait été trouvée, enfant, au sommet d'une montagne par Première Femme et Premier Homme qui l'auraient élevée comme leur fille. Plus tard, ils seraient revenus tous les trois sur la même montagne pour y célébrer le premier rite de puberté (cf. p. 58). Toutes les versions s'achèvent par le mariage de Femme changeante et du soleil, puis par la naissance des jumeaux Tueur de Monstres et Enfant de l'Eau qui débarrassent le monde de tous les monstres qui l'encombrent.

Aujourd'hui, Femme changeante habite une splendide demeure située « vers l'ouest ».

des saignements, le chamane chante des prières, implorant Femme changeante d'insuffler son esprit à la jeune fille afin de la transformer en une femme féconde et une mère affectueuse, honorée et vénérée par son peuple. « Voyageant sur ses chants », l'esprit de Femme changeante vient prendre possession du corps de l'adolescente qui devient la personnification de la Déesse.

Le premier et le dernier jour, accompagnée par les lamentations aiguës des femmes, la jeune fille tourne dans le sens des aiguilles d'une montre autour d'un panier contenant du pollen, des plumes, de la peinture et des grains de maïs ; autant d'éléments sacrés. À diverses reprises, des danseurs masqués appelés *gahe*, provoquent des interruptions dans le déroulement du rite qui cède alors la place à des danses, des récits ou des festins. Au cours d'une des cérémonies, la jeune fille représente l'union sexuelle mythique de Femme changeante et du soleil. Lorsque le rite s'achève, elle est devenue une femme et un symbole de paix et de prospérité.

Durant les quatre jours que dure le rite de puberté, la jeune fille est prise en charge par une femme qui lui prodigue conseils et massages. L'un des buts de ce rite est de charger d'énergie magique une amulette que l'initiée pourra utiliser lorsqu'elle aura atteint à son tour l'âge de la ménopause.

Les multiples visages d'Ishtar

Déesse guerrière, Ishtar était surnommée parfois Labbatu (lionne). Un poème sumérien s'adresse à elle en ces termes : « Telle une lionne terrifiante, tu anéantis l'ennemi et le désobéissant à l'aide de ton venin. »

Plus qu'aucune autre déesse, Ishtar représente bien les innombrables facettes de la divinité féminine. Assyrienne et babylonienne, elle est généralement assimilée à Inanna, la multiple déesse de Sumer, mais certains auteurs soutiennent qu'elle est beaucoup plus étroitement apparentée à la déesse sémitique Ashtart/Astarté.

Dans la mythologie babylonienne, la généalogie d'Ishtar est incertaine : elle pourrait être soit la fille de la lune, soit celle du soleil, mais il lui arrive aussi de remplacer le dieu de la lune et de gouverner le calendrier lunaire, ce qui la met en relation avec le cycle des saisons, la croissance et la récolte des produits de l'agriculture. Par ailleurs, le fait de régner sur les étoiles la rapproche d'autres vierges guerrières, comme Anâhitâ/Anahid (cf. p. 140), et de certaines déesses mères, comme Hathor, la vache céleste. Sous la forme de l'étoile du matin – et connue alors sous le nom de Zib – elle gouverne les désirs humains.

Ishtar figure dans deux mythes mésopotamiens de première importance. Dans un récit semblable à celui qui met en scène Inanna (cf. p. 76-79), elle se rend dans le monde souterrain pour récupérer Tammuz, son fils et amant, sacrifié à la suite de leur mariage sacré. Sa quête est décrite dans *La Descente d'Ishtar aux Enfers*, un récit datant de la fin du IIe millénaire av. J.-C. Alors qu'Inanna se montre respectueuse et patiente, Ishtar ne craint pas de forcer les portes qui donnent accès au monde souterrain.

« Si tu m'empêches d'entrer, si tu ne m'ouvres pas la porte, je la forcerai, je ferai sauter le verrou [...]. Je ferai se lever les morts, ils dévoreront les vivants et finiront par les surpasser en nombre. »

En l'absence d'Ishtar, les plantes dépérissent, les humains et les animaux perdent l'envie de s'accoupler ; une calamité qui se prolonge jusqu'au jour

Ishtar/Ashtart/Astarté (statuette du VIIIe siècle av. J.-C.), représentée ici en prêtresse/prostituée sacrée, jouant du tambourin et chantant ses louanges.

Ishtar, maîtresse de la nuit. Ivoire du VIIIe siècle av. J.-C., retrouvé dans les ruines du palais de la ville assyrienne de Kalkhu (la Kalah de la Bible, aujourd'hui Nimrud, Iraq).

LA MAGIE ET LA LOI

Les premiers calendriers astrologiques, établis à Sumer en 3500 av. J.-C., sont la première manifestation de l'idée selon laquelle les mouvements des planètes affecteraient la vie terrestre. Le zodiaque était appelé « la ceinture d'Ishtar ». Déesse des cieux, Ishtar gouvernait les étoiles et les planètes qui, à leur tour, décidaient du sort des humains. En conséquence, Ishtar était également celle qui prescrit la loi, car loi et magie étaient alors étroitement associées : toutes les formes de magie étant soumises à une législation détaillée et rigoureuse, et les édits des rois étant assortis de tabous et de malédictions fulminées contre d'éventuels contrevenants.

La divination faisait partie intégrante de la vie quotidienne en Mésopotamie, de même que les rites magiques et les sacrifices sanglants destinés à conjurer les périls, le mauvais sort, les mauvais présages. De plus, l'astrologie n'était pas la seule forme de divination soumise à Ishtar. En tant que maîtresse de la nuit, elle suscitait les rêves prémonitoires.

où, ayant retrouvé et sauvé son fils/amant, la déesse retourne sur terre. Tous les ans, Ishtar devait ainsi sacrifier son fils/amant afin de confirmer les lois de la nature et de la végétation ; et chaque fois, elle le veillait et le priait avant de descendre aux Enfers pour voler à son secours.

Le second mythe majeur dans lequel figure Ishtar est *L'Épopée de Gilgamesh*, connue par des fragments sumériens et par la version akkadienne écrite un millénaire plus tard et retrouvée dans la bibliothèque d'Assurbanipal à Ninive. Déesse de l'amour, Ishtar s'offre à Gilgamesh qui la repousse dédaigneusement. Le mépris du héros dissimule sa peur de subir le même sort que Tammuz, c'est-à-dire de trouver la mort sur la couche de la déesse. Rendue furieuse par l'attitude de Gilgamesh, Ishtar crée, avec l'aide de son père, un taureau céleste gigantesque destiné à encorner le présomptueux. Finalement, le taureau est tué par Enkidu, l'ami de Gilgamesh.

Tandis que les deux compagnons se vantent de leurs prouesses, Ishtar rassemble toutes ses prêtresses pour pleurer l'animal mort, et se venge en envoyant à Enkidu une maladie qui le fait mourir à petit feu. Tandis qu'il assiste, horrifié, au dépérissement et à la décrépitude de son ami, Gilgamesh fait vœu de ne jamais mourir, puis entreprend, après la mort d'Enkidu, sa longue et infructueuse quête de l'immortalité (cf. p. 45).

La vierge, un idéal du classicisme

Athéna et Ulysse*, de Giuseppe Mantua (1717-1784). La vierge Athéna guide Ulysse lors de son périple, lui permettant d'échapper aux charmes magiques de séductrices comme Circé ou les sirènes.*

Les déesses vierges des mythologies grecques et romaines n'exigeaient pas toujours de leurs fidèles qu'ils fassent vœu de chasteté. Si Athéna Parthenos (« la vierge »), était vénérée au Parthénon, à Athènes, l'Érechthéion tout proche était dédié à Athéna Polias (« gardienne de la cité »), une personnification plus familiale de la même divinité. Une statue de Gaia, la déesse mère, s'élevait près de l'autel d'Athéna, et l'on murmurait que dans certaines parties de la Grèce, des prêtresses d'Athéna, affublées de masques de Gorgones, conduisaient des cérémonies orgiaques. Artémis présidait elle aussi à des festivités orgiaques.

Il n'existe que deux exceptions notables : la déesse grecque Hestia et la romaine Vesta. Toutes deux étaient symbolisées par une flamme et échappaient donc à la tendance générale à l'anthropomorphisme, ce qui pourrait expliquer en partie pourquoi leur statut était différent de celui des autres déesses grecques et romaines.

À Rome, le culte de Vesta était le plus important de tous les cultes en relation avec la terre. Il jouissait de la faveur de la royauté, et les mérites sociaux et magiques de la déesse vierge lui avaient valu le grand honneur d'être surnommée par les sénateurs « la déesse du Sénat ». Contrairement à Hestia, Vesta recevait les derniers sacrifices de la saison, et était invoquée en dernier dans les prières et lors des serments. Ses prêtresses, les vestales, entretenaient le feu sacré, ne le renouvelant, cérémoniellement, que le 1er mars. Issues de la noblesse, les vestales étaient considérées comme « l'essence même de Rome », et la première d'entre elles faisait office d'ambassadeur en période de guerre.

Le grand prêtre, le seul élément masculin du clergé de Vesta, choisissait chacune des six vestales parmi une vingtaine de candidates âgées de cinq à dix ans. Les vestales faisaient vœu de chasteté et demeuraient au service de la déesse durant une période qui allait de cinq à trente ans. Bien que libres de se marier après avoir été déchargées de leurs devoirs religieux et relevées de leur vœu, elles le faisaient rarement, parce que leur mariage était considéré comme un mauvais présage, et que beaucoup pensaient que leur engagement ne pouvait avoir de fin. Une vestale en activité qui rompait son vœu de chasteté était condamnée à être recluse sans manger ni boire jusqu'à ce que mort s'ensuive. Le 15 juin de chaque année, dernier jour des festivités consacrées à Vesta, le temple était balayé rituellement pour symboliser la purification de la déesse, et les balayures jetées au Tibre.

Diane et les nymphes surprises par Actéon, *d'Andrea Vaccaro (1598-1670). Parce qu'il avait vu la déesse nue, Actéon fut transformé en cerf et déchiqueté par ses propres chiens.*

TEMPLES DE LA DÉESSE VIERGE

Artémis, la déesse vierge grecque, et Diane, son homologue romaine, motivèrent la construction de nombreux temples importants dont le plus célèbre était celui d'Éphèse (côte ouest de la Turquie actuelle, cf. p. 126).

À Capoue, on vénérait Diana Tifatina (« du bois de chênes verts »), maîtresse des forêts et patronne de la ville. Selon la légende, elle possédait une biche sacrée, et le sort de Capoue était étroitement lié au bien-être de l'animal. Près d'Aricie, dans le cratère de Nemi, le temple de Diana Nemorensis (« du bois sacré ») était bâti au cœur d'un bois sacré qui se réfléchissait dans le lac appelé pour cette raison « miroir de Diane ». En accord avec une coutume archaïque et « barbare », le *rex Nemorensis* (le prêtre du temple de Nemi, habituellement un esclave fugitif) exerçait son office jusqu'à ce qu'un prétendant plus vigoureux vînt le tuer et prendre sa place. Au Ve siècle av. J.-C., après la victoire remportée par les Romains sur les Latins près du lac Régille, le centre du culte de Diane fut transféré dans un nouveau temple construit à Rome sur le mont Aventin.

Aucun mythe concernant Vesta n'a survécu jusqu'à nos jours, exception faite de deux passages des *Fastes* d'Ovide dans lesquels Vesta fuit les assiduités de Priape, la divinité ithyphallique gréco-latine ; mais les ruines de son temple sont encore visibles à Rome, sur le forum. Détruit en l'an 64 de notre ère, lors de l'incendie attribué à Néron, il fut reconstruit par la suite, en plusieurs étapes. Les talismans sacrés de la déesse étaient conservés dans le *penus Vestae*, l'endroit le plus secret du sanctuaire.

Vierges et amantes

Renaissance d'Aphrodite *(partie centrale du triptyque Ludovisi, marbre ; Rome, vers 470 av. J.-C.). Déesse de l'amour, Aphrodite était lavée rituellement chaque année et retrouvait sa virginité.*

La vierge n'est qu'un des aspects de la trinité divine féminine (avec la mère/prostituée et la vieille), mais sa chasteté n'est pas affectée par l'intense activité sexuelle des deux autres aspects. Au besoin, elle est capable de retrouver sa virginité immaculée à volonté, ou à la suite de certaines fêtes et cérémonies. Elle est « la toujours vierge », un qualificatif que partagent Ishtar, Anat et d'autres déesses connues par ailleurs pour leurs nombreuses aventures amoureuses. Considérée comme vierge, Aphrodite hébergeait dans son temple de Corinthe des prostituées sacrées qui étaient censées la personnifier lorsqu'elles faisaient l'amour avec des hommes (cf. p. 98-99). Parmi les rares déesses vierges véritablement chastes on trouve Artémis, Diane et Athéna (cf. p. 116-117) qui sont associées toutes les trois à l'action et à la violence.

La sexualité réprimée est souvent considérée comme une source d'énergie potentiellement dangereuse et destructrice. Une énergie que la vierge guerrière

LA DAME AUX BÊTES SAUVAGES

La déesse vierge est souvent accompagnée d'animaux qui symbolisent sa nature sauvage et peu sociable. Ce sont parfois des espèces associées à la sexualité, comme les chèvres d'Aphrodite Pandemos. La mythique licorne, que seule une vierge pouvait approcher, est souvent associée à la Vierge Marie.

En tant que déesse de la chasse, la vierge est entourée de chiens. Elle chasse les animaux tout en ayant pour fonction de les protéger. Elle peut aussi prendre une forme animale. Au sanctuaire de Brauron, les fillettes d'Athènes revêtaient des peaux d'ourse pour célébrer Artémis, ce qui pourrait signifier que la déesse avait été autrefois une ourse. Elle était également associée à une biche qui devait vivre aussi longtemps qu'Athènes.

Les mythologies décrivent d'autres formes animales de la Déesse (cf. p. 161). Eurynomè et les sirènes sont pisciformes, Échina est serpentine, comme Mélusine et beaucoup de nymphes. Des textes anciens donnent à Artémis et Lilith un visage de chouette, et la colombe est toujours associée à la Déesse. À Delphes, deux colombes de part et d'autre d'un *omphalos* (nombril) représenteraient une vulve (on a décrit cette figuration comme « un clitoris entre des lèvres de plumes »).

La Déesse est parfois la mère de certains animaux. Ainsi en Inde, Sanjana, déesse de la lumière, a donné naissance aux chevaux jumeaux, ou Ashwini, qui tirent le char du soleil, leur père.

Pârvatî et Siva (miniature hindoue du XVIIIe siècle). Le pénis de Siva est une source de puissance à cause de la rétention du sperme, un fluide assimilé à la substance même de l'âme ; mais cette puissance est équilibrée par une puissance égale, obtenue grâce à la rigueur de l'ascétisme de Pârvatî.

utilise pour s'ériger en gardienne des mystères des femmes et des femelles. Dans ce rôle, elle est souvent amenée à patronner des activités qui semblent en contradiction avec sa virginité. Ainsi, en tant que gardienne de la nature, Diane était également la déesse de la fertilité, de la germination de la graine et de la naissance. L'accomplissement sexuel faisant partie des mystères féminins, Diane en était arrivée à présider des cérémonies orgiaques, elle qui avait le sexe en horreur.

Athéna était plus stricte. Personnification de la chasteté, elle méprisait la maternité. Elle résista victorieusement à la tentative de viol d'Héphaïstos. Au cours de l'affrontement, le sperme du dieu du feu et des métaux se répandit sur la cuisse de la déesse. Dégoûtée, celle-ci s'essuya et le sperme tomba finalement sur Gaia, la terre, qui fut fécondée et enfanta Erichtonios aux pieds serpentins, un des premiers rois légendaires d'Athènes, qu'Athéna finit par recueillir et par élever comme son propre fils.

Pârvatî, la vierge hindoue, ne devient une ascète que pour obtenir un époux qui ait l'apparence de Siva. Elle fait abstinence et s'isole jusqu'à ce que le principe masculin, en la pleurant, permette au monde de mourir, un événement qui souligne l'importance de Pârvatî en tant que figuration de la fertilité.

Les mythes hindous traitant de l'abstinence sexuelle insistent tous sur l'énorme quantité d'énergie volatile emmagasinée par la vierge ou l'ascète.

Mère des dieux

Dans les mythologies originaires du Proche-Orient, la fonction procréatrice de la Déesse est concrétisée par la naissance d'un fils considéré comme un sauveur (cf. p. 80-81), et qui vient au monde pour préserver l'humanité de l'extermination en assurant de bonnes récoltes.

Les mythes les plus anciens présentent la Déesse comme l'instigatrice de la mort de son propre fils, et la placent au cœur des cérémonies qui leur sont associées ; tandis que les mythes plus récents réduisent son rôle à la maternité.

L'idée de délivrance est venue se surajouter au thème primitif, et le récit est désormais centré sur le salut de l'âme humaine (comme dans le cas de Marie et de Jésus) ou la conquête d'un empire (comme dans le cas d'Alexandre le Grand, dont la mère, Olympias, serait devenue enceinte après avoir reçu la visite d'un dieu). Dans cette dernière tradition, une mortelle a pris la place de la Déesse, et seul son partenaire est divin. En conséquence, l'enfant né de leur union est considéré comme un demi-dieu. Histoire et mythologie se mêlent, rendant ainsi les personnages mythiques plus réels, et divinisant les personnages historiques.

La Vénus de Willendorf (vers 20000 av. J.-C.). Figurations de la fertilité, les vénus paléolithiques n'ont pas de partenaires masculins, peut-être parce que les humains de ce temps pensaient que les femmes procréaient par parthénogenèse, et que l'homme ne jouait donc aucun rôle dans la perpétuation de l'espèce.

On pense souvent que le concept de parthénogenèse, de conception par une vierge, est propre à la religion chrétienne (cf. p. 122-123), alors que cette idée remonte probablement à la préhistoire. Selon un thème mythique classique, une vierge conçoit à la suite d'une intervention divine, son fils devient le sauveur de son peuple et meurt dans sa prime jeunesse avant d'être ressuscité. L'enfant semi-divin est séparé très tôt de sa mère vierge, probablement pour qu'il puisse échapper à son influence terrestre, être soumis à celle de son père divin, et accomplir les volontés de ce dernier.

Dans la mythologie celtique, Arianrhod est la fille de la déesse galloise Dôn. Le roi Math, son oncle, est contraint par un sort qui lui a été jeté de placer ses pieds dans le giron d'une vierge lorsqu'il ne se trouve pas sur un champ de bataille. Quand Goewin, la vierge qui prend soin de ses pieds, vient à être déflorée, Math demande à Arianrhod de la remplacer. Pour faire la preuve de sa virginité, celle-ci doit enjamber une baguette magique, mais lorsqu'elle s'exécute, deux jumeaux tombent d'entre ses jambes. Gwydion, frère d'Arianrhod, enlève le second jumeau et l'élève au cœur d'une forêt magique. Rendue furieuse par la calomnie dont elle a été victime, Arianrhod jette un triple sort à l'enfant : elle seule pourra lui donner un nom, elle seule pourra l'armer, il ne pourra pas épouser une mortelle. Usant de magie, Gwydion parvient à tromper sa sœur qui finit par

NAISSANCES SACRÉES

Né au VIe siècle av. J.-C. de parents mortels (le roi Suddhodana et la reine Mahâmâyâ), le Bouddha n'était pas de nature divine, mais grâce aux progrès qu'il avait déjà accomplis lors de ses multiples incarnations précédentes, il portait en naissant les marques distinctives d'un être d'exception. Mahâmâyâ n'ignorait pas qu'elle avait donné le jour à un héros, car elle avait vu, en rêve, des esprits la transporter jusqu'à un plateau où un éléphant blanc avait pénétré dans son utérus. Le Bouddha serait venu au monde alors que sa mère se dressait sur la pointe des pieds pour attraper une branche d'un arbre ; mais les plus anciennes descriptions de sa naissance suggèrent que Mahâmâyâ aurait été à l'origine une déesse d'une religion prébouddhique.

Des récits plus tardifs montrent le Bouddha sortant tout formé du flanc de Mahâmâyâ ; une légende qui pourrait avoir été empruntée à la tradition jaïnique. Parsvanatha, un des vingt-quatre prophètes du jaïnisme, serait lui aussi sorti du flanc de sa mère (au IXe ou VIIIe siècle av. J.-C.).

Naissance de Parsvanatha, prophète du jaïnisme (miniature du XVe siècle trouvée à Gujarat, Inde)

nommer son fils (Lleu) et par l'armer sans même s'en rendre compte ; puis Gwydion et Math créent Blodeuedd à partir des fleurs du chêne, du genêt et de la reine des prés. Personnification d'une déesse de la fertilité, Blodeuedd épouse Lleu, le trahit aussitôt et provoque sa mort ; mais Lleu ressuscite le lendemain et Blodeuedd est transformée en chouette. Souvent, le fils mort puis ressuscité devient une divinité solaire. On dit que l'irlandais saint Patrick comparait Jésus-Christ au soleil.

Chez les Aztèques, Coatlicue avait créé tous les êtres vivants. Un jour qu'elle balayait son temple, un paquet de plumes tomba sur elle, et elle conçut Huitzilopochtli (le sauveur, le soleil, le colibri ressuscité). Rendue furieuse par ce qu'elle prenait pour une transgression de la loi morale, Coyolxauhqui (la lune), fille de Coatlicue, entraîna ses frères, les étoiles, dans une révolte contre leur mère. Huitzilopochtli, le soleil, sortit, armé de pied en cap, de l'utérus de Coatlicue, surpassa en éclat ses frères et sa sœur et devint le sauveur des Aztèques. Par la suite, il les conduisit à la recherche de leur terre promise.

La Vierge Marie

Le thème mythique qui a servi de prototype pour le récit de la conception, de la naissance et de la mort de Jésus-Christ, était très largement répandu au Proche-Orient, bien longtemps avant l'ère chrétienne. Marie, comme de nombreuses autres déesses mères avant elle (Déméter, Isis, Ashtart/Astarté, Cybèle, Attargatis, etc.), donna naissance à un dieu incarné qui mourut pour le salut de l'humanité, et ressuscita peu après.

On ne trouve dans la Bible aucune justification du culte marial ni, à plus forte raison, de la « mariolâtrie ». Dans le Nouveau Testament, la Vierge Marie ne joue qu'un rôle tout à fait secondaire, celui de la « mère porteuse » du Sauveur, et seul l'Évangile de Luc ne se contente pas de la citer. Elle y est mentionnée pour la première fois à l'occasion de l'Annonciation, lorsque l'archange Gabriel vient lui annoncer qu'elle concevra bientôt le fils de Dieu. Puis on trouve successivement le texte du Magnificat, un cantique dans lequel Marie rend grâce à Dieu ; les tribulations de Joseph et de Marie (enceinte) ; la naissance de l'Enfant Jésus ; l'adoration des bergers ; l'enfance de Jésus et sa présentation au Temple. Ensuite, les quatre Évangiles ignorent Marie, exception faite de quelques brèves rencontres avec son fils (en particulier aux noces de Cana), et de sa présence à la crucifixion.

Certains des premiers théologiens ont voulu réduire le rôle de Marie à celui de *theotokos* (« porteuse de Dieu »), mais les influences combinées des déesses mères celtiques et méditerranéennes, et de l'antique dyade formée de la Déesse et de son fils (cf. p. 80-81) ont inspiré un culte populaire qui équivalait à une déification, et s'est exprimé à travers une multitude de prières, de cantiques et de figurations de toutes sortes, entraînant la proclamation de la « maternité divine » de la Vierge Marie par le concile d'Éphèse (431), et un nombre prodigieux de dédicaces d'églises.

Vierge noire de Notre-Dame-aux-Neiges (Aurillac, Cantal)

Seule la relation sexualisée existant anciennement entre la Déesse et son fils a été éliminée, car pour correspondre à l'idéal féminin du judaïsme, Marie devait demeurer totalement innocente et n'avoir connu aucune expérience sexuelle. Elle devait aussi être docile et uniquement bénéfique, ce qui imposait l'éradication de tout aspect destructeur ou chtonien.

Recouvrant diverses déesses du paganisme, Marie a hérité certains de leurs attributs, ainsi que leur aptitude à faire des miracles (souvent en relation avec la fécondité), ce qui a encore accru sa popularité.

Le culte marial n'a cessé de se développer, depuis le IIIe siècle jusqu'à nos jours, avec la bénédiction de l'Église catholique. L'absence de justifications bibliques a amené de nombreux théologiens à tenter de s'opposer à la mariolâtrie, mais sans aucun succès. Les premières reliques de la sainte Vierge remontent au Ve siècle. Eudoxie, impératrice romaine d'Orient, fit l'acquisition de son suaire, puis envoya à sa sœur, en 438, un portrait de la Vierge que l'on disait avoir été peint par saint Luc.

Objet d'un culte extrêmement fervent, particulièrement en Auvergne, les Vierges noires ont été créditées des miracles les plus extraordinaires. On a avancé de nombreuses théories pour expliquer l'origine de ces représentations énigmatiques : on a voulu y voir des déesses mères gallo-romaines, celtiques ou préhistoriques, des idoles orientales (isiaques) rapportées à l'époque des croisades, ou encore des idoles africaines.

L'IMMACULÉE CONCEPTION

Dès le IIe siècle, l'Évangile apocryphe de Jacques avait suggéré que Marie était une enfant miraculeuse née alors que ses parents, Anne et Joachim, étaient déjà âgés ; mais l'idée selon laquelle Marie aurait été conçue sans péché souleva une controverse théologique. Bien que considérant Marie comme exceptionnellement pure, les théologiens grecs l'accusaient de plusieurs péchés, dont la vanité. L'Église d'Occident, quant à elle, la jugeait incapable d'avoir pêché, et dès le IVe siècle, Marie était dite « sans tache » *(amiantos)* par saint Grégoire de Nazianze, et « non profanée » *(acheantos)* par Marcel d'Ancyre. Saint Augustin (354-430) déclara qu'elle avait été préservée du péché originel, mais il fallut attendre 1431 pour que le concile de Bâle reconnaisse le principe de l'Immaculée Conception de la Vierge Marie ; un principe qui ne fut érigé en dogme qu'en 1854, par le pape Pie IX.

Si le culte de sainte Anne, mère de Marie, a connu un tel développement en Bretagne c'est sans doute parce qu'il s'est substitué, à la faveur d'une homonymie, à celui de Ana/Anu, la grande déesse des Celtes, appelée Dana/Danu en Irlande, et Dôn au pays de Galles (cf. p. 35 et 54).

L'Immaculée Conception *de Francisco de Zurbaran (1598-1664). Ce tableau faisait partie d'une campagne de propagande menée par les Jésuites contre le scepticisme des Dominicains.*

Marie, reine des cieux

La mort de Marie n'est pas mentionnée dans la Bible. Il n'existe aucun récit contemporain de son décès, et nous ignorons le lieu de sa sépulture, mais le concile d'Éphèse (431) adopta la tradition selon laquelle elle aurait suivi saint Jean dans cette ville et y serait décédée. Ce silence des Écritures saintes autorisa une prolifération de textes apocryphes qui donnèrent naissance à la tradition médiévale de l'Assomption de la Sainte Vierge (enlèvement de Marie au ciel, de son vivant).

La première référence à l'Assomption se trouve probablement dans le texte anonyme intitulé *Obsèques de la Sainte Vierge* et rédigé en syriaque (un dialecte araméen) entre le IIIe et le Ve siècle. Les *Obsèques* rapportent une discussion entre les saints Paul, Jean, Pierre et André « devant la tombe de Marie ». Jésus leur apparaît, accompagné de l'archange Michel, et ordonne que Marie soit emportée aux cieux. Son corps est immédiatement conduit jusqu'à « l'arbre de vie » (un symbole classique de la Déesse, datant de l'époque de Sumer) pour y être uni à son âme. Dans d'autres textes du Ve siècle traitant des derniers jours de Marie sur terre, celle-ci ne meurt pas, elle est transportée aux cieux, encore en vie, par Jésus, les apôtres, les anges et quelques-uns des prophètes.

Comme Isis, Ishtar et d'autres déesses, Marie devient la reine des cieux, et sa nature est désormais résolument divine. Le soir, après les vêpres, à complies, on chante ou on récite : « Salut, reine des cieux [...] d'où est issue la lumière du monde. » Marie hérite aussi d'autres appellations associées habituellement aux déesses suprêmes, par exemple « étoile de la mer » ou « mère de Dieu ».

En 754, l'empereur byzantin Constantin V prône le culte de Marie, refusant l'entrée du paradis à ceux « qui ne reconnaissent pas que la Très Sainte Vierge est véritablement, et à proprement parler, la Mère de Dieu, et se situe donc au-dessus de toute autre créature, visible ou invisible ; mais aussi à ceux qui ne recherchent pas, avec une foi sincère, son intercession et n'ont pas une entière confiance en son pouvoir auprès de Dieu ». Saint Anselme de Canterbury (1033-1109) décrit Marie en des termes qui pourraient bien s'appliquer à une déesse de la nature : « Par ton intervention, les éléments sont renouvelés, les

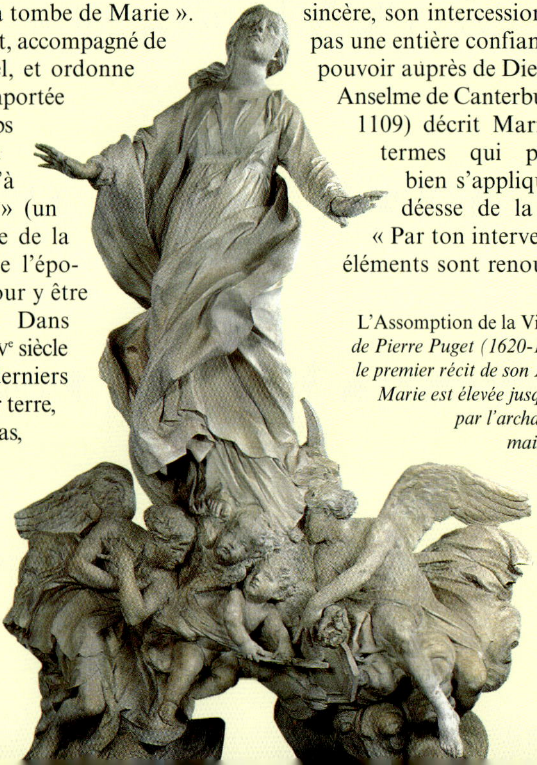

L'Assomption de la Vierge Marie, *de Pierre Puget (1620-1694). Dans le premier récit de son Assomption, Marie est élevée jusqu'aux cieux par l'archange Michel, mais les artistes préfèrent la montrer transportée par une armée d'anges ou d'angelots.*

démons foulés aux pieds, les hommes sauvés, et les anges déchus eux-mêmes retrouvent leur place. Ô femme si pleine et si débordante de grâce, tu dispenses l'abondance et fais reverdir toutes choses. »

Si l'Immaculée Conception place Marie au-dessus de la descendance pécheresse d'Adam et Ève (cf. p. 123), l'Assomption l'exempte de la mort qui guette tous les humains, et comme on ne trouve rien dans la Bible qui puisse justifier ce double privilège, l'Église se refusa pendant des siècles à entériner de telles doctrines. Il fallut attendre 1854, puis 1950, pour que l'Immaculée Conception et l'Assomption de Marie deviennent des articles de foi. Dans les deux cas, la bulle papale ne fit que confirmer l'extraordinaire dévotion des catholiques du monde entier pour la Madone (en 1950, la décision de Pie XII fut la conséquence directe d'une pétition signée par huit millions de personnes).

C'est seulement en 1954 que l'Église catholique déclara officiellement Marie « Reine des Cieux », alors que ce titre était d'un usage courant depuis des siècles.

Dès le Ve siècle, la Sainte Vierge a été considérée comme corédemptrice et intercesseur privilégié entre l'humanité et son fils. Elle fait des miracles, inspire des pèlerinages de masse, est l'objet d'un culte qui lui est propre, même si, selon la doctrine de l'Église catholique, Dieu seul a droit à la « latrie » (l'adoration) des fidèles, alors que Marie ne doit être l'objet que de leur « hyperdulie », une forme supérieure de la « dulie » (vénération) due aux saintes et aux saints.

LA MÈRE ÉPLORÉE

Statue pleureuse de Notre-Dame (Maasmechelen, Belgique)

Le monde catholique est plein d'images de la Madone qui semblent verser des pleurs véritables. Toutes ne sont pas dans des églises. Souvent, des figurations à bon marché, accrochées dans des maisons ou des appartements, ont été à l'origine de dévotions et de pèlerinages après avoir paru pleurer réellement. En 1992, les larmes de sang versées par une statuette en porcelaine de Santiago du Chili ont été analysées, et le juge d'instruction a déclaré qu'il s'agissait de sang humain du groupe O.

Officiellement, la hiérarchie catholique prend toujours ses distances avec de telles manifestations ; mais cela n'empêche pas une partie du clergé local et des fidèles d'y voir de véritables miracles. En Sicile, lorsqu'une figuration en plâtre de la Vierge pleura pendant quatre jours, en 1953, l'archevêque de Syracuse rédigea une lettre pastorale pour rassurer ses ouailles : les larmes étaient une bénédiction non une réprimande. « Marie a pleuré !... Les larmes sont fécondes. Il n'y a jamais eu de larmes stériles. La pluie arrose la campagne et la prépare à recevoir les semences... et il en est de même dans le domaine de l'esprit. Une femme qui pleure devient du même coup une mère. »

Les mots employés par l'archevêque sont la reconnaissance des liens existant entre Marie et les anciennes déesses de la terre, qui pleuraient elles aussi leur fils (cf. p. 80). Le culte de la Vierge éplorée a sans doute pris naissance au VIe siècle lorsque le poète Romanos Melodos écrivit, pour l'empereur byzantin Justinien, ses *Lamentations pour le vendredi saint*. À la même époque, ce même empereur faisait fermer les derniers temples d'Isis, et il est probable que les représentations de la déesse égyptienne pleurant amèrement Osiris mort influencèrent Melodos et ses successeurs ou imitateurs.

Mères nourricières

Le nombre et la variété des déesses mères sont révélateurs de la force de l'archétype de la mère (cf. p. 18-19). Parmi toutes ces divinités, on trouve des déesses de la nature, à la fois mères des dieux, des humains, des animaux et des plantes. D'autres, plus personnalisées, ressemblent aux *matres* ou *matronae* des Celtes et des Romains, mères d'un peuple, d'un pays, d'une lignée, d'une cité. Beaucoup de déesses celtiques n'étaient pas nommées, mais appelées simplement « mère », suivi d'un nom de lieu. Britannia, la personnification féminine de la puissance militaire britannique, est une survivance de cette façon de faire.

Les déesses mères les plus durables et dont le culte est le plus largement répandu, sont celles qui entretiennent une relation avec un seul enfant, comme Isis ou la Vierge Marie. Elles sont souvent représentées en train d'allaiter leur rejeton, et cette aptitude du sein de la femme à nourrir, réconforter et protéger, est l'un des attributs les plus fréquents et les plus importants de la Déesse. Ce pouvoir nourricier primordial est tellement capital qu'il fut revendiqué pour des divinités masculines. Saint Ambroise (vers 335-397) et d'autres auteurs chrétiens ont évoqué le « sein nourricier du Christ ».

Dans de nombreuses mythologies, le lait est source de création. Un mythe hindou présente la Grande Mère sous la forme d'un océan de lait qui s'agite pour produire du caillé, la matière primordiale.

Artémis aux multiples seins. Dessin de Benvenuto Cellini (1500-1571)

ARTÉMIS

Impitoyable vierge chasseresse, mais aussi mère universelle présidant à la naissance (elle aurait aidé Létô, sa mère, à accoucher d'Apollon, son frère), la déesse grecque Artémis est un paradoxe. Sous son aspect virginal, elle exige la chasteté de ses adoratrices et adorateurs. Lorsque Callistô, sa compagne, se laisse abuser par Zeus (qui a pris l'apparence d'Artémis), elle la punit en la transformant en ourse. L'ourse était l'animal d'Artémis et les fillettes d'Athènes se vêtaient de sa peau ou portaient son masque pour célébrer le culte de la déesse. En Grèce, l'ourse (qui met bas durant son hibernation au sein de la terre) était le symbole de la maternité et de la puissance créatrice de la déesse terre.

Dans l'*Agamemnon* d'Eschyle, Artémis, bien que chasseresse, est invoquée en ces termes : « Tu es belle et d'une grande bonté pour le lionceau né de la lionne vorace. Pour tous les jeunes animaux sauvages à la mamelle [...] tu éprouves de la compassion. » Reine des nymphes et déesse de la nature sauvage, Artémis possédait l'énergie génératrice de la déesse terre. Sous cet aspect-là, mais aussi sous son aspect lunaire, elle était célébrée par des danses et des orgies. Son temple d'Éphèse était l'une des sept merveilles du monde. Elle y était représentée par une grande statue noircie, couverte de multiples seins et d'animaux. C'est probablement la présence de ces animaux qui a conduit des générations d'adoratrices et d'adorateurs à identifier cette statue avec Artémis. En fait, la description de la statue correspond mieux à Cybèle, la déesse mère anatolienne, qui aurait accouché à Éphèse, et y aurait eu un lieu de culte. Artémis n'est pas un nom grec, il apparaît pour la première fois sur des tablettes trouvées à Pylos, ce qui rapproche Artémis de la déesse mère crétoise. À Éphèse, les fêtes du printemps incluaient une course de taureaux, réminiscence des rites minoens (cf. p. 51).

Naissance de la Voie lactée, *de Petrus Paulus Rubens (1577-1640). Lors de sa liaison avec Zeus, Alcmène, une mortelle, conçut Héraclès. Zeus coucha subrepticement son fils à côté d'Héra, afin que l'enfant, tétant le lait divin, devienne immortel. Héraclès suça le mamelon d'Héra si vigoureusement que le lait se répandit dans le ciel, formant la Voie lactée.*

Les étoiles seraient faites du lait jailli du pis de déesses bovines (Hathor en Égypte, Io en Ionie), de la poitrine d'Héra (Grèce) ou de celle d'innombrables autres déesses de par le monde.

L'allaitement était également un moyen de transmettre la divinité et la royauté, ainsi que divers autres pouvoirs et savoirs. Après avoir longuement prié la Vierge, saint Bernard obtint qu'elle presse son sein et lui envoie dans la bouche un jet de son lait. Isis est représentée allaitant Horus, enfant et adulte, mais aussi les pharaons.

Les ruines d'Ur ont livré une statuette de terre cuite qui remonte au IVe millénaire av. J.-C. et représente une déesse allaitant à tête de serpent. Une figuration de femme assise sur un trône et allaitant un enfant a été découverte en Thessalie et datée du Ve millénaire av. J.-C. La femme semble couverte de serpents. Ces deux images pourraient faire allusion à un mode d'alimentation encore plus primordial que l'allaitement : on a suggéré que l'association fréquente de certaines déesses et du serpent pourrait découler de l'apparence du cordon ombilical qui ressemble à deux serpents entrelacés.

Statuette symbolisant le rôle nourricier de la femme, et destinée à favoriser, par magie imitative, la prospérité du royaume (Zaïre, fin XIXe-début XXe siècle)

PAGES SUIVANTES *Tatei Urianaku, déesse de la terre prête pour les semailles, de Cresencio Perez Robles (tapisserie des Indiens Huichols ; Mexique, XXe siècle)*

Faiseuses de destinées

Dans de nombreuses mythologies, la destinée humaine est déterminée par une triade de déesses dont le comportement capricieux expliquerait les vicissitudes apparemment aléatoires de nos existences. Ces triades sont extrêmement puissantes, mais ne reçoivent ni prières, ni sacrifices, car on les sait inflexibles. À l'opposé, quand le sort des hommes est placé sous le contrôle d'une seule déesse, comme Laksmî (cf. p. 146), celle-ci devient l'objet d'une dévotion extravagante.

Les faiseuses de destinées sont souvent des vierges, comme les Nornes de la mythologie nordique qui avaient la charge de l'arbre du monde et contrôlaient donc tout ce qui vivait sur terre. Les Ases eux-mêmes n'avaient pas le pouvoir d'annuler leurs décisions, car elles personnifiaient le cours inéluctable du temps. Dans les mythologies européennes, les faiseuses de destinées sont généralement des fileuses. À Rome, les Parques étaient représentées sur le forum par trois statues appelées Tria Fata (les trois destinées). Elles assistaient à toutes les naissances et filaient le fil de chaque destin individuel. En Grèce, les Moires se nommaient Clotho (elle tenait la quenouille) Lachésis (elle faisait tourner le fuseau) et Atropos (elle était chargée de couper le fil). La mythologie grecque comptait d'autres triades fatidiques : les Grées, habiles mais diaboliques et disposant d'un seul œil pour trois, les vindicatives Furies et les Gorgones. Méduse, une des Gorgones, personnifiait le futur inconnaissable ; regarder son visage, c'était

Les trois Parques révélant à Marie de Médicis sa destinée, *par P.P. Rubens (1577-1640)*

voir sa propre mort, et en demeurer pétrifié. La déesse Athéna fit don à Persée de son bouclier, poli comme un miroir, dans lequel le héros put voir le visage de Méduse sans le regarder, et réussit ainsi à trancher la tête de la Gorgone sans risquer d'être changé en pierre. Méduse dérivait probablement d'une déesse lybienne beaucoup plus importante, que la réinterprétation hellénique avait transformée en une belle jeune femme frivole, violée par Poséidon, dieu de la mer, dans le temple d'Athéna (cf. p. 50-51), puis changée en un monstre hideux par la déesse vierge en colère.

Le thème mythique de la destinée humaine soumise à une triade féminine se retrouve en dehors du domaine indo-européen.

Un conte amérindien, recueilli depuis la Californie jusqu'à l'État du Washington, explique comment les humains supplièrent Coyote de leur apporter le feu. Celui-ci avait été placé sous la surveillance des Skookums, trois sœurs, très vieilles et toutes fanées, qui le surveillaient à tour de rôle. Coyote consulta ses propres sœurs (une autre triade, qui vivait dans son estomac sous la forme de trois airelles) et, sur leurs conseils, il fit cerner, par des animaux rapides à la course, l'endroit où se trouvait le feu. Puis il profita d'une passation de relais entre deux des Skookums pour se précipiter vers le feu et dérober un tison. Les trois vieilles se lancèrent à sa poursuite, mais Coyote passa le tison à Écureuil qui le transmit lui-même à un autre animal, et ainsi de suite, jusqu'à ce que le feu soit avalé par un arbre et que les Skookums soient contraintes d'abandonner la poursuite.

La « roue de la Fortune » (extraite d'un psautier anglais illustré par William de Brailes vers 1240). Fortuna, la déesse romaine du hasard, était généralement représentée en équilibre sur une roue, et le visage voilé, pour personnifier les caprices du destin. Sa roue a inspiré celle des loteries foraines et des jeux de casino.

LE TROISIÈME ASPECT

Dans *Prolegomena to the Study of Greek Religion* (1991), Elizabeth Jane Harrison écrit que les triades de déesses du destin auraient évolué à partir d'une dyade mère/fille du genre de celle formée par Déméter et Corè (cf. p. 70). L'idée de la mort est présente chez la fille comme chez la mère, mais l'esprit humain rechigne à associer le trépas avec la pureté virginale ou avec la fonction nourricière. Il était donc nécessaire qu'un troisième aspect de la Déesse vienne isoler cette idée de la mort en la personnifiant. En faisant du trépas, élément incontournable de la destinée humaine, une entité à part, on permettait aux adoratrices et adorateurs de la Déesse d'ignorer les attributs les plus effrayants de son aspect maternel et de son aspect virginal, car cette personnification de la mort détourne vers elle la peur universelle de l'inconnu. La triade totalise tous les aspects, positifs et négatifs, de la destinée humaine, comme la dyade, mais en les séparant.

Porteuses de mort

Hécate *(estampe de William Blake, vers 1795)*

Même si la Déesse peut être funeste sous ses trois aspects, l'idée de la mort est plus particulièrement associée à son troisième aspect : « la vieille » (cf. p. 130-131).

Dans la plupart des cultures, ce sont les femmes âgées qui prennent soin des défunts. La vieille est également en relation étroite avec la magie et l'occultisme, les mystères et l'ésotérisme (cf. p. 134-135). Lorsqu'une femme a dépassé l'âge de la ménopause, on dit qu'elle « rentre » ou « retient son sang ». Désormais infécond, son utérus peut devenir un lieu de régénération, comme le chaudron dans lequel la déesse celtique Branwen faisait bouillir les morts pour les ressusciter ; mais étant donné que la vieille préside aux mystères féminins, son utérus est également synonyme de tombe, ce symbole de toutes les terreurs qu'inspire l'inconnu.

Déesse de la mort et de la magie, Hécate est sans doute la vieille la plus connue. Elle est aussi l'une des plus anciennes divinités grecques, et dérive probablement de l'égyptienne Heqit (ou Heqet, ou Heket), déesse des accoucheuses (habituellement des femmes âgées qui s'occupaient à la fois des morts et des nouveau-nés). Hécate figure dans la *Théogonie* d'Hésiode comme une divinité digne des plus grands éloges. Elle était une descendante de la lune noire, et gouvernait les morts et les fantômes qui rôdaient la nuit par les chemins, principalement à proximité des carrefours. Le repas du soir lui était dédié et les restes étaient déposés au-dehors à son intention. Après avoir aidé Déméter dans sa quête de Corè/Perséphone (cf. p. 70), Hécate fut parfois confondue avec elle, devenant ainsi « peseuse d'âmes ».

Porteuse de mort, la vieille est également juge suprême ; c'est le cas, entre autres, d'Ereskigal (cf. p. 78) et d'Husbishag, son homologue sémitique. À ce titre, on la prend à témoin lors des serments les plus solennels, et les porteuses de mort (de Yabme-Akka, en Scandinavie, à Ala, en Afrique, en passant par Tellus Mater, à Rome) sont devenues les plus sûrs garants de la vérité et de l'honnêteté.

Les divinités qui commandent à la mort sont perçues habituellement comme des prédatrices ; buveuses de sang tel l'aztèque Coatlicue, ou dévoreuses de cadavres comme l'océanienne Hine-nui-te-po (cf. p. 26). La polynésienne Miru, maîtresse des trois cercles intérieurs du monde souterrain, attrape avec son filet les âmes des humains nouvellement décédés. Les méchants finissent dans les flammes de son foyer, alors que les bons sont appelés à mener une existence assez semblable à celle qu'ils menaient sur terre, à cette différence près qu'elle est éternelle.

Ce participant aux danses sacrées de Kerala (Inde) est possédé par la déesse Machilottu, un des multiples avatars de Kâlî. Jeune fille injustement accusée de débauche, Machilottu fut chassée de son village. Après avoir plaidé sa cause auprès de Siva, elle éleva son propre bûcher funéraire et monta aux cieux sur une colonne de flammes, pour devenir une nouvelle déesse.

KÂLÎ, LE COMMENCEMENT ET LA FIN

Sous son propre nom ou encore sous celui de Sakti (personnification du principe féminin : cf. p. 94), la déesse Kâlî est l'avatar le plus fréquent de la grande déesse Devî. Kâlî a reçu trois surnoms : Shyama (la Noire), Chandi (la Féroce) et Bhairava (la Terrible). On lui sacrifie des animaux mâles, et les sacrifices humains, interdits par l'occupant anglais en 1835, n'ont pas totalement disparu.

Kâlî est représentée habituellement sous les traits d'une imposante déesse noire, à la langue pendante et couverte de sang. Elle est tout enguirlandée de serpents et de crânes, sa jupe est faite des mains des méchants, et un cadavre d'enfant pend à chacune de ses oreilles. D'une main, elle brandit une épée, d'une autre, elle tient un crâne ; tandis que sa troisième et sa quatrième main bénissent et remercient ses fervents adorateurs.

En tant que Mahâkâlî, maîtresse du temps, elle occupe non seulement le temps mais aussi l'espace de la mort, ainsi qu'un point immobile au centre de l'éternité. Selon la cosmogonie hindoue, l'histoire de l'univers parcourt une série de cycles, ou âges. À la fin de chaque âge, toute création retourne dans le sein de Mahâkâlî et devient la semence qui donne naissance au nouvel âge. Un texte sacré, le *Devîbhagavata*, affirme que cette déesse de la fin des temps n'a pas de nature définie ni de forme tangible, mais représente la vérité absolue

Déesses et sorcières

Les déesses qui étaient en relation avec des rites de mort et de renaissance destinés à favoriser la perpétuation de la vie (comme les divinités mélanésiennes Likele et Kalwadi ; cf. p. 23), ont été réduites depuis, pour les besoins des contes moralisateurs, à de monstrueuses sorcières dévoreuses d'enfants : les ogresses ; ainsi celle du conte germanique *Hänsel et Gretel* (apparenté à notre Petit Poucet).

La magicienne Médée, qui aurait été, selon certaines sources, la fille d'Hécate (cf. p. 132) et la nièce de Circé, possédait un chaudron de résurrection tout à fait semblable à celui de la déesse celtique Branwen (cf. p. 132). Elle a été caricaturée en sorcière sanguinaire et hystérique à une époque où ses agissements « barbares » (dépecer et faire bouillir Éson, son beau-père ; dépecer Apsyrtos, son jeune frère, et jeter les morceaux à la mer) étaient devenus incompréhensibles, et pouvaient passer, pris au pied de la lettre, pour des actes de folie meurtrière commis par excès d'amour.

Déesse magicienne dont la vulve « projette » de la magie (page du manuscrit mexicain précolombien dit Codex Fejervary-Mayer*)*

Tableau de Camillo Paderni (mort vers 1770) qui représente la magicienne Circé transformant les compagnons d'Ulysse en pourceaux

Associée à un autre mythe de mort et de résurrection, la grande déesse magicienne Isis (cf. p. 84-87) a servi de prototype à bon nombre de sorcières. Les plus fortes personnifications de la Déesse étaient plus particulièrement sujettes à être ainsi dégradées par les incroyants et assimilées au stéréotype de la sorcière ; une démarche qui a eu pour but de rendre ces mystérieuses et imprévisibles divinités plus faciles à appréhender, et moins dangereuses à ignorer ou à affronter.

Circé, personnage de l'*Odyssée* d'Homère, et la fée Morgane des romans arthuriens, sont deux autres exemples de déesses magiciennes transformées en sorcières, goules ou harpies,

LE MAUVAIS ŒIL

Il fut un temps où la déesse égyptienne Hathor était aussi vénérée qu'Isis. Elle était la fille, ou la mère, de Râ, le dieu solaire, qui l'envoya espionner l'espèce humaine, sous la forme d'un œil gigantesque auquel rien n'échappait. Violemment irritée par ce qu'elle vit, elle commença à détruire l'humanité, jusqu'à ce que les autres divinités s'alarment et finissent par trouver le moyen de l'arrêter (cf. p. 139).

La malveillance d'Hathor vis-à-vis de l'espèce humaine (à laquelle elle avait donné naissance quand elle était la « vache ailée créatrice ») est le fruit d'une longue évolution qui transforma la divinité créatrice/destructrice, présidant aux plaisirs de la vie (dont le chant, la danse et la musique) en une déesse uniquement destructrice.

Hathor est à l'origine du concept du « mauvais œil » qui existe encore dans de nombreuses sociétés. D'innombrables « sorcières » ont été persécutées parce que l'on attribuait la maladie ou la mort de quelqu'un, ou encore une mauvaise récolte, au fait qu'elles auraient eu le mauvais œil et s'en seraient servi pour assouvir une vengeance.

Aujourd'hui, la croix ansée, ou égyptienne *(ankh)*, qui pourrait dériver de l'œil d'Hathor, est placée sur les murs en guise de porte-bonheur, et disposée de façon à « regarder vers l'intérieur » afin de conserver la chance dans la maison.

Hathor offrant un collier magique au pharaon Séti Ier (Thèbes, XIIIe siècle. av. J.-C.)

par la misogynie de cultures patriarcales (ici, grecques et chrétiennes). Leurs attributs et leurs pouvoirs, devenus charmes enchanteurs et sorcellerie, ne leur servent plus qu'à venir à bout de la fidélité ou de la vertu des hommes, avec, bien évidemment, des conséquences néfastes pour ceux-ci.

À l'inverse, les épopées médiévales utilisent fréquemment le thème mythique de la « hideuse tentatrice » qui met le héros à l'épreuve sous son apparence de vieille sorcière, alors qu'elle est en vérité jeune et belle. Cette faculté de changer d'aspect est utilisée comme une pierre de touche pour éprouver l'aptitude à régner du futur souverain : sera-t-il capable d'assumer les aspects les plus pénibles (laids) de sa charge aussi allégrement que les privilèges qui y sont attachés ?

Des contes du domaine germanique mettent en scène des sorcières moralistes comme Dame Trude ou Dame Holle (une version édulcorée de Holde, ou Holle, ou Hulda, déesse germanique du ciel qui chevauchait le vent à la tête d'une horde de sorcières). Dame Holle punit une petite fille insolente et paresseuse, et récompense sa sœur travailleuse. Baba Yaga, une sorcière de la tradition russe, récompense la gentille petite Vassilissa, mais brise les os de sa sœur.

Guerriers et gardiennes

Quand l'aspect funeste de la Déesse est accentué au point d'exclure tous les autres, on obtient une déesse guerrière ou une déesse chasseresse comme Kâlî, Sekhmet, Anat ou Artémis. Guerrière, la déesse est tout à la fois une farouche combattante et la protectrice de l'univers. Chasseresse, elle veille également sur les animaux sauvages et, pour illustrer cette dualité, elle est généralement représentée en compagnie d'un lion ou d'un cerf, ou encore, comme dans le cas d'Artémis et de diverses divinités romano-celtiques, d'un chien de chasse.

La Déesse n'est jamais aussi féroce que lorsqu'elle protège les mystères de la femme, symbolisés par sa propre virginité. L'énergie produite par sa sexualité inutilisée en fait un adversaire invincible. C'est pourquoi elle est devenue souvent la déesse des guerriers et des soldats, vénérée par les rois et exaltée par des monuments de triomphe érigés en Inde, en Afrique et en Amérique du Sud.

Dans cette danse traditionnelle de Bali, Rangda, la magicienne puissante et destructrice, tente d'anéantir le royaume et tue la moitié de la population avant d'être défaite par un saint homme.

Divine destructrice

Dans toutes les religions, les forces du bien peuvent se déchaîner contre le mal et les transgresseurs de la morale. Le dieu d'Abraham envoie le déluge, le feu céleste et toutes sortes de fléaux pour anéantir les cités, les nations et même l'humanité tout entière. Toutefois, comme le judaïsme et l'islam interdisent de représenter le dieu unique masculin, sa colère ne peut être personnifiée.

Ce n'est pas le cas, au contraire, pour la déesse Kâlî que l'on représente habituellement tirant une langue sanguinolente, et brandissant avec ses quatre mains des armes et des trophées macabres (crânes humains, têtes et mains coupées ; cf. p. 133). Elle danse si frénétiquement qu'elle risque de détruire le monde à force de le piétiner, jusqu'à ce que Siva, son époux, se retrouve au nombre des morts. En le voyant, elle émerge de sa transe et reprend conscience.

Dans le mythe hindou du cataclysme, les dieux appellent la Déesse à leur aide pour venir à bout des démons qui menacent le monde de destruction. Mahâmâyâ, le principe cosmique féminin, émerge de la montagne formée par les pensées et les prières des dieux, sous l'apparence de Durgâ qui, armée de pied en cap et montée sur un lion, triomphe des démons les uns après les autres. Mahâmâyâ se manifeste ensuite sous la forme de diverses déesses avant de se retrouver, personnifiée par Kâli, face à Raktabîja, un démon dont chaque goutte de sang tombée à terre se transforme en un nouveau démon. Kâlî dévore les démons ainsi formés et boit le sang qui coule des blessures de Raktabîja, avant de le tuer.

Il existe des similitudes remarquables entre les mythes cataclysmiques hindous et égyptiens. Comme Durgâ, Sekhmet est associée au lion (cf. p. 15) et dérive d'une déesse plus importante et plus pondérée (Mahâmâyâ en Inde, Hathor en Égypte). Toutes deux sont invincibles et utilisent leurs pouvoirs contre un ennemi diabolique, afin de protéger des dieux (respectivement le panthéon hindou et Râ).

Sekhmet est issue d'Hathor après que celle-ci a surpris un complot ourdi contre Râ, son fils ou son père, par les partisans de Seth. Après une journée de massacre, Sekhmet s'endort, et les

Durgâ, tueuse de démons (sculpture du XIIIe siècle provenant de Mysore, Inde). Durgâ était la déesse patronne des princes guerriers râjputs.

dieux, craignant l'extermination de l'humanité, en profitent pour préparer sept mille jarres de vin qu'ils teintent à l'ocre rouge. À son réveil, Sekhmet étanche sa soif de sang en vidant les jarres de vin, tombe dans un sommeil plus profond encore, et ainsi, l'humanité est sauvée.

Dans les deux cas, la furie destructrice de la déesse se déchaîne pour affronter les ennemis d'un dieu du bien, et c'est une intervention masculine qui rétablit l'équilibre.

Évitant d'user lui-même de la force, le dieu s'accorde la possibilité de ramener la déesse à la passivité en lui rappelant son aspect positif et doux, jusqu'à ce qu'elle réalise que sa colère est devenue sans objet.

Sekhmet ; bas-relief du temple d'Horus à Edfou, Égypte (IIIe millénaire av. J.-C.)

Le sang répandu par la folie guerrière de la déesse n'est pas seulement un effet secondaire ou subsidiaire de la destruction. Il a une importance considérable en tant que constituant primordial de la vie et de la mort, susceptible d'être transmuté en un être nouveau par l'alchimie divine. En débarrassant le monde du mal, la déesse prépare la place pour le nouveau peuplement qui suit tout cataclysme.

CULTES SANGLANTS

Depuis le paléolithique, le sang est associé aux pratiques rituelles. Il a été symbolisé par le vin rouge et l'ocre rouge (qui servait à peindre les vivants et les figurations des divinités, mais aussi les morts que l'on replaçait dans le sein de la terre, en position fœtale, prêts à renaître).

Le sang est à la base du clan, de la parenté, de l'héritage, et il est possible que les femmes aient eu un statut privilégié dans les sociétés antiques parce qu'elles transmettaient le sang du clan et donc son esprit totémique.

Le sang menstruel était considéré autrefois comme bénéfique, fertilisant, apte à guérir et propitiatoire. Les textes tantriques (*tantra*) l'appellent le « sang nourricier ». Quant au saignement menstruel, les hommes ont souvent tenté de l'imiter par le biais de la circoncision, de la subincision (Aborigènes d'Australie) ou du percement des mamelons masculins pratiqué par les Sioux lors de la danse du Soleil.

On prétend parfois que les prêtres auraient inventé les tabous menstruels et les rites sacrificiels afin de s'attaquer au pouvoir des prêtresses, qui étaient les seules à pouvoir utiliser rituellement le sang menstruel. Déclaré impur, celui-ci dut être remplacé dans les cérémonies sacrées par le sang des sacrifices, humains et animaux.

La déesse Chinnamastâ se tenant sur Siva et Sakti, tandis que le sang qui jaillit de son corps décapité abreuve ses disciples (peinture tantrique du XIXe siècle).

Déesse en armes

Les déesses guerrières sont souvent associées au soleil et aux étoiles. Les millions de corps célestes pouvaient aisément être assimilés à une armée de soldats étincelants, s'efforçant de combattre l'obscurité. Dans la mythologie slave, Zarya, la déesse de l'aube, est une grande guerrière qui naquit tout armée pour dissiper les forces de la nuit. Dilbah, l'étoile du matin à Babylone, avait le même rôle. C'est sans doute pourquoi Dilbah et de nom-breuses autres déesses guerrières sont représentées vêtues d'une armure flamboyante, ou couvertes d'or, d'argent et de bijoux.

Dans l'*Avesta*, un texte religieux zoroastrien, Anâhitâ, la multiple déesse, est présentée comme extraordinairement grande et forte, impérieuse et couverte de bijoux « conformément à la règle ». Énergie divine bénéfique, elle était censée pénétrer les rois d'Iran, les encourager et les protéger contre les envahisseurs venus du nord ; mais elle refusait son aide aux personnes mal intentionnées.

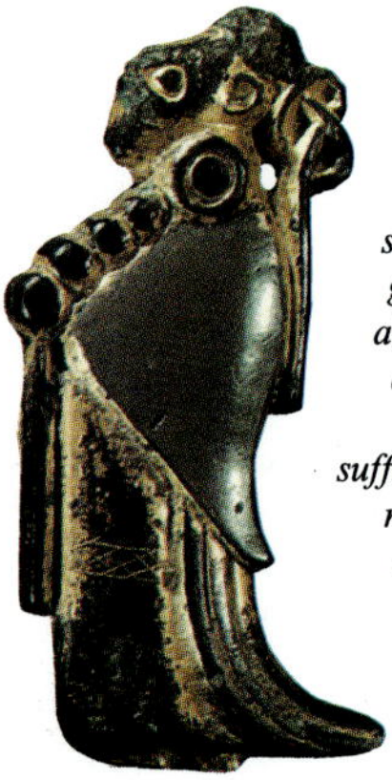

Pendant d'oreilles viking représentant une valkyrie (VIe siècle). Les valkyries suscitaient les prouesses guerrières des héros, les aidant dans leur quête et acceptant de les épouser s'ils se montraient suffisamment braves. En se mariant avec un mortel, elles renonçaient à leur statut divin et à leurs pouvoirs au profit de la gloire de leur époux.

Les Grecs assimilaient Anâhitâ à Athéna qui était elle aussi grande et imposante, et se passionnait pour les hauts faits d'armes des héros (cf. p. 142-145). Elle soutint Achille contre Pâris, durant la guerre de Troie, aida Héraclès dans ses travaux, et guida Ulysse au cours de son odyssée. Son oiseau favori était la chouette, un rapace nocturne.

Les Irlandais avaient une triade de déesses guerrières qu'ils nommaient Bodb, Macha, et la Morrigan (la grande reine). Le champ de bataille était appelé « le pays de Bodb », mais toutes trois pouvaient prendre l'apparence d'une corneille et se repaître de cadavres. La veille des batailles, on voyait la Morrigan laver le linceul des guerriers qui devaient mourir le lendemain. Elle avait un rire semblable à un hurlement qui glaçait le cœur des plus braves, et elle apparaissait au milieu des combats sous les traits d'une vieille sorcière gigantesque enjambant une rivière ou pataugeant jusqu'aux genoux dans l'eau rougie par le sang des victimes.

Étant un des aspects de la déesse terre, la Morrigan assurait la défense du territoire de son peuple : les Tuatha Dé (tribus de la Déesse) ou Tuatha Dé Danann (tribus de la déesse Dana). Ce territoire, c'est l'Irlande, et la Morrigan avait aidé son peuple à le conquérir sur les Fir Bolg, et à le défendre des Fomoire. Elle était également une grande magicienne comme en témoignent ses métamorphoses successives en oiseau, en jeune fille, en serpent d'eau, en génisse et en louve lors de la razzia des vaches de Cooley, au cours de laquelle elle affronta le jeune héros Cuchulainn qui avait repoussé ses avances.

Pallas Athénée, *de Gustav Klimt (1898). Athéna était sortie tout armée de la tête de Zeus, son père. Elle portait une lance et un bouclier en peau de chèvre (cadeau de Zeus) qu'elle avait cerclé de peur, de querelle, de force et de poursuite, et sur lequel était fixée la tête de Méduse, l'une des Gorgones. Lors de la guerre entre Zeus et les Titans, Athéna tua Pallas (décrit comme un géant ou un dieu qui tenait à la fois de Priape et de Pan), l'écorcha et fit de sa peau une cuirasse. À la suite de cet exploit, Pallas devint l'un des surnoms d'Athéna.*

LES SOUFIS

Le mouvement mystique musulman connu sous le nom de soufisme est apparu en Iraq dès le VIIe siècle. Ses adeptes s'opposaient à la religion institutionnalisée et à la corruption qui l'accompagnait. Ils furent persécutés comme hérétiques et contraints d'émigrer en Iran.

Les poèmes soufis sont en apparence des poèmes d'amour, mais ils décrivent en réalité, dans un langage codé, la soif de divin éprouvée par le mystique. La « Bien-Aimée » dont il est question symbolise la divinité, et « l'amant » est le mystique. Dieu est donc présenté comme féminin. Un saint poète écrivait : « La Bien-Aimée est semblable à une fée, sa taille est celle du cyprès, ses joues sont pareilles à la tulipe. Des pieds à la tête, elle inspire l'effroi. »

La Bien-Aimée a une allure aussi belliqueuse que la déesse iranienne Anâhitâ. Ses sourcils sont comparés à des épées ou des arcs, ses regards à des lances, ses cils à des poignards. Elle est la quintessence d'une déesse vierge guerrière, tour à tour féroce et menaçante, puis douce et séduisante. Elle est inaccessible, mystérieuse et charmeuse comme l'idéal féminin de l'islam médiéval, ou la *dona* (la dame) des troubadours ; et ces qualités concourent à fasciner « l'amant » et à entretenir l'espoir d'une vision, d'une rencontre.

Finalement, le mystique ne vit plus que dans l'espoir de rencontrer la divine Bien-Aimée, dans l'attente du moment où il la rejoindra, où il sera enfin uni à elle, dans la mort. Au cours de ses dévotions, il a appris que *fana* (l'anéantissement) avait pour corollaire *baqa* (la vie éternelle), l'ultime secret de la Bien-Aimée.

Déesse de la quête

Le Jugement de Pâris, *de P.P. Rubens (1577-1640). Ce concours de beauté entre Héra, Aphrodite et Athéna aurait déclenché la guerre de Troie et conduit dieux et déesses à choisir leur camp.*

La Déesse est étroitement associée à la quête héroïque, qu'elle soit présente dès l'origine, en tant qu'inspiratrice du héros, ou qu'elle n'apparaisse que plus tardivement pour l'aider, le guider ou, au contraire, semer des obstacles sur sa route. Il lui arrive même d'être l'obstacle final, comme Méduse, la Gorgone, qui doit être tuée par Persée. Mais ce dernier serait incapable d'y parvenir sans l'aide d'une autre déesse, Athéna, laquelle, sous sa forme préhellénique, était justement identifiée avec la Gorgone. Tout se passe comme si le héros n'était qu'un simple pion sur l'échiquier céleste autour duquel s'affrontent les multiples aspects de la Déesse.

Habituellement entreprise par un homme, la quête peut être interprétée comme un voyage de découverte, indispensable à son complet développement

QUÊTE INTÉRIEURE

Dans *Métamorphoses* (ou *L'Âne d'or*, IIe siècle), Apulée conte comment Lucius séduit une esclave pour tenter de s'approprier la magie de sa maîtresse et se changer en oiseau, symbole de la Déesse. La tentative échoue, Lucius se retrouve transformé en âne et mène une vie misérable et pénible. Finalement, il rencontre Isis, est initié à ses mystères, subit une nouvelle métamorphose et devient un prêtre de la déesse. Ce récit principal est entrecoupé de courtes digressions que Marie Louise von Franz (analyste jungienne ; cf. p. 18-19) interprète comme des structures oniriques qui s'efforcent d'amener à la surface certains désirs ou sentiments qui ont été refoulés dans l'inconscient de Lucius. Au fur et à mesure que ses inhibitions deviennent moins actives, Lucius fait l'expérience de l'interaction entre ses énergies physiques et psychiques, et se trouve confronté aux strates les plus profondes de sa personnalité. Marie Louise von Franz écrit :

« *L'Âne d'or* est la description du développement de l'*anima* d'un homme, c'est-à-dire de sa personnalité féminine inconsciente... [le livre] concrétise un processus d'évolution en profondeur d'une portée historique : le retour du principe féminin dans un monde occidental patriarcal. »

psychologique. Le départ serait alors comparable à l'expulsion du nouveau-né hors de l'utérus. Quant au but du voyage, il pourrait être compris comme la nécessité de découvrir les éléments féminins (positifs et négatifs) qui sont en lui, et de les intégrer de façon à concilier les impressions contradictoires qu'il a de la mère.

La réussite est symbolisée par une « récompense », généralement une belle jeune femme. Avant d'y parvenir, le héros doit affronter et vaincre un dragon (cf. p. 47), ou quelque autre monstre, un géant, une sorcière, un homme ou une femme exceptionnellement forts et particulièrement mal intentionnés. Il est aidé ou gêné par diverses incarnations de la Déesse, représentant tour à tour la « bonne mère » ou la « mauvaise mère » (cf. p. 18-19), et une partie de l'épreuve consiste pour lui à se comporter de la manière appropriée avec chacune de ses incarnations, afin d'atteindre à un équilibre intérieur. Ainsi, pour arriver au terme de sa quête, le héros devra, successivement, obtenir l'aide de la sorcière ou, au contraire, se montrer plus malin qu'elle et la tuer.

Sur un autre plan, la quête est un parcours initiatique conduisant à l'âge d'homme ou à un certain niveau de la vie spirituelle. Plusieurs déesses peuvent apparaître à différents stades d'une telle initiation : d'abord en tant qu'instigatrices, puis en tant qu'aides, guides ou obstacles, et enfin en tant qu'adversaires ou récompenses ; mais toutes ces déesses apparemment distinctes ne sont généralement que divers aspects de la même divinité omniprésente.

La guerre de Troie aurait eu de multiples causes, et au moins cinq instigatrices et deux instigateurs. Se voyant exclue d'un festin céleste, la déesse Éris (la Discorde) lança au milieu des participants une pomme d'or destinée à honorer « la plus belle ». Héra, Aphrodite et Athéna revendiquèrent cet honneur, mais Zeus refusa de les départager et contraignit Pâris, le plus bel homme au monde, à le faire à sa place.

Chacune des trois déesses chercha à soudoyer le prince troyen. Héra lui

Femme changeante et six traces de pas représentant son esprit. Cette peinture de sable navajo est une source de pouvoir pour ceux qui vont prier dans les montagnes afin d'obtenir la pluie.

QUÊTES PRATIQUES

Chez les Amérindiens, la puissance protectrice magique de la femme se manifestait en dehors de la quête héroïque, dans la vie de tous les jours. Pour démontrer leur habileté manuelle, les femmes micmacs (provinces Maritimes du Canada, Gaspésie et côte sud de Terre-Neuve) préparaient pour leur futur mari de magnifiques vêtements dont la décoration était source de protection magique. Les travaux de broderie réalisés avec des perles et des piquants de porc-épic par les femmes cheyennes (nord des Grandes Plaines) étaient une forme de prière destinée à assurer le bien-être de leurs proches.

offrit le pouvoir, Athéna lui promit la sagesse et le succès au combat, Aphrodite lui proposa Hélène, la plus belle femme au monde ; mais le choix offert à Pâris n'était qu'une illusion : Zeus avait tout manigancé à l'avance dans le but de déclencher une guerre qui dépeuplerait la Grèce. Il avait même pris la forme d'un cygne pour approcher Léda et engendrer Hélène à cet effet. Pâris couronna Aphrodite et, en préférant l'un des aspects du principe divin féminin, s'attira l'opposition des deux autres. En choisissant l'amour et la beauté, il rejeta la maternité, la chasteté, la protection, et Héra et Athéna prirent fait et cause pour les Grecs.

La Déesse peut aussi apparaître au héros sous la forme d'une mortelle, une femme guerrière, comme Scatach, fille du roi d'Écosse, ou Aifé, autre fille de roi, les deux initiatrices du héros irlandais Cuchulainn. De telles femmes sont proches parentes des divinités celtiques, dont Medb, qui mettaient à l'épreuve rois et héros avant de leur accorder ou non la souveraineté ou la puissance (cf. p. 55).

Dans la légende galloise de Kulhwch et Olwen, la Déesse se manifeste sous diverses formes tout au long de la quête. Kulhwch, le héros, est né près d'une porcherie (le porc était l'animal sacré de Déméter et Artémis). Il est le fils d'une reine morte peu après l'avoir mis au monde. Le nom de la reine : Goleuddydd (Lumière du jour) évoque une divinité solaire. Ayant rempli sa fonction qui était de donner naissance au héros, elle cède la place à une autre reine qui déclenche la quête en jetant un sort à Kulhwch : il ne saurait épouser qu'Olwen, fille d'Yspaddaden, le chef géant. En rapport avec la lune, Olwen devient le but de la quête de Kulhwch. Le héros accomplit trente-deux missions pour le compte d'Yspaddaden, en compagnie du roi Arthur et d'un grand nombre de guerriers. L'avant-dernière consiste à chasser le Twrch Trwyth, le sanglier magique, qui symbolise la conquête de son propre esprit animal. L'ultime mission lui impose de tuer une sorcière noire, fille d'une sorcière blanche. Kulhwch revient avec ses trophées à la cour du géant, et celui-ci

LES AMAZONES

Les Amazones devraient leur nom (*a-mazos*, sans seins) à la pratique consistant à cautériser le sein droit de leurs filles dans le but de faciliter le tir à l'arc et le lancer du javelot.

Femmes guerrières, elles n'étaient pas de nature divine et combattirent d'égal à égal les héros grecs avec lesquels elles entrèrent en conflit. Elles étaient de ferventes adoratrices d'Artémis, et on leur attribue parfois non seulement la construction du temple d'Éphèse, mais celle de la ville tout entière.

Les Amazones habitaient l'Afrique du Nord, l'Anatolie et les rives de la mer Noire, c'est-à-dire les marges du « monde civilisé » de l'époque. Elles se servaient des hommes pour procréer, puis les renvoyaient ou les tuaient ; elles se débarrassaient ensuite de leurs enfants mâles, dès la naissance.

Ces femmes guerrières étaient manifestement ressenties comme une menace par les Grecs. Lors du siège de Troie, la reine Penthésilée conduisit ses guerrières au secours du roi Priam, mais elle fut tuée par Achille qui viola son cadavre pour tenter de s'approprier son âme en colère.

Quant à la reine Hippolyte, elle succomba sous les coups d'Héraclès venu lui dérober sa ceinture magique.

On a émis l'hypothèse selon laquelle les victoires des Grecs sur les Amazones seraient une allégorie du triomphe des conquérants indo-européens et de leurs dieux masculins sur les populations préhelléniques et la Déesse.

Amazone frappant un soldat grec. Détail de la frise de la tombe de Mausole (dite « le Mausolée » ; environ 350 av. J.-C.), satrape de Carie (Asie Mineure), de 377 à 353 av. J.-C.

est décapité. Kulhwch est désormais libre de s'unir avec son *anima*, son double féminin : Olwen. « Cette nuit-là, Kulhwch dormit avec Olwen, et elle fut la seule femme qu'il eut de toute sa vie. »

Au terme de sa quête, le héros, l'initié, aidé et guidé par la Déesse, finit par atteindre son but qui est d'ordre matériel, psychologique ou spirituel, ou les trois à la fois car, contrairement aux mystiques des religions monothéistes, en quête spirituelle, le pèlerin en quête de la Déesse est autorisé à profiter de tous les plaisirs de ce monde. Après avoir eu la révélation d'Isis, et avoir été accepté dans son univers, Lucius Apuleius Theseus (Apulée ; cf. p. 143) mena de front la prêtrise et son métier d'avocat-orateur, et vécut heureux, confiant dans la générosité de sa déesse.

Déesse de la pitié et de la chance

À P'u T'o, sur l'île de Zhoushan, au sud de Shanghai, se trouve le sanctuaire de la divinité préférée des Chinois : Kouan-yin, la déesse de pitié, qui protège plus particulièrement les femmes et les enfants. Elle est connue sous le surnom de « Celle qui entend les prières, les plaintes et les pleurs ». Son anniversaire tombe le dix-neuvième jour du deuxième mois du calendrier lunaire, et méditer sur son nom est une puissante forme de dévotion. Sa popularité a été établie par une légende qui fait d'elle une princesse appelée Miao-chan. Troisième fille d'un roi, elle aurait été sévèrement punie par son père parce qu'elle refusait tous les partis avantageux qu'on lui présentait, pour l'amour d'un simple médecin.

Finalement condamnée et exécutée, elle fut ravie par les esprits dans l'attente de sa résurrection. Sa présence fit fleurir le monde souterrain comme un jardin paradisiaque, et la nature divine lui fut bientôt accordée. Elle s'efforce depuis de remédier à la situation désespérée de l'humanité en exauçant chaque prière, et s'incarne régulièrement pour venir en aide, physiquement et spirituellement, aux humains.

Connue au Japon sous le nom de Kan-non (ou Kannon), Kouan-yin a été importée d'Inde en Chine, par des missionnaires bouddhistes, sous la forme d'un *bodhisattva.*

Selon la théologie bouddhiste, un *bodhisattva* est un être éclairé qui, à la suite de plusieurs générations de méditation et de contemplation, a appris comment échapper au cycle des morts et des renaissances qui afflige le reste de l'humanité, mais a choisi de continuer à être réincarné pour aider d'autres humains à faire leur salut.

HOMMAGE À LA CHANCE

Laksmî, la déesse de la bonne fortune, a un très grand nombre d'adeptes en Inde. Elle assure le bien-être et la prospérité de l'humanité, et chaque maisonnée espère que la venue d'une nouvelle belle-fille fera entrer Laksmî (la chance) dans la famille. Même si son nom est synonyme de richesse matérielle, elle n'est pas courtisée uniquement à cause de sa générosité, mais parce qu'on la sait capricieuse et sensible aux cadeaux. Ses autels reçoivent en abondance huile, lait et fleurs, car on craint son inconstance ; on l'imagine facilement séduite par un adorateur passionné ou un somptueux présent, et aisée à offenser. « Visite Laksmi souvent si tu veux qu'elle te rende visite », recommande le dicton.

À l'époque de la création, elle flottait sur l'océan primordial, posée sur une fleur de lotus. Elle ne rejoignit les dieux qu'au moment où l'océan fut baratté afin d'obtenir l'élixir qui devait débarrasser le monde du mal. Elle jaillit de l'écume, et les rivières inversèrent leur cours pour couler dans sa direction. Les éléphants célestes provoquèrent des vagues pour la laver, puis elle choisit Visnu comme éternel compagnon.

Pour Diwali, le nouvel an hindou, chacun allume des lumières dans l'espoir d'attirer la déesse chez lui ; de petites lampes à huile en terre cuite entourent les maisons et les boutiques, parfois suspendues au fil d'un cerf-volant ou flottant sur un récipient plein d'eau.

Laksmî est représentée sous les traits d'une belle jeune femme souriante et couverte de bijoux, à la peau d'or pâle et aux longs cheveux noirs. On dit qu'elle aurait quatre bras, mais elle n'est figurée qu'avec deux seulement, tenant une fleur de lotus d'une main et bénissant de l'autre.

Statue de Kouan-yin à Hong Kong. On l'a représentée de bien des façons (et même sous les traits d'un homme), mais généralement en robe flottante, tenant des bijoux ou une branche de saule. Au IVe siècle ses statuettes étaient suffisamment populaires pour justifier une production en série. Avant la Révolution, on trouvait une de ces statuettes dans chaque famille chinoise, et aujourd'hui encore, elles décorent de nombreuses maisons et boutiques.

Kouan-yin était à l'origine Avalokitesvara, le disciple né d'une larme versée par le Bouddha à la vue des souffrances de l'humanité. Cette transformation en femme pourrait sembler une énigme au sein d'une religion qui considère les femmes comme des êtres moins parfaits que les hommes. Il ne faut pas oublier, toutefois, que lorsque le bouddhisme fut introduit en Chine (sous la dynastie des Han, au IIIe siècle), il y subit l'influence du taoïsme et du confucianisme ; et il est possible d'envisager qu'Avalokitesvara ait été « fondue » en un syncrétisme avec une divinité féminine indigène ; peut-être avec Niu-koua, l'antique déesse mère, gardienne de l'humanité, ou encore avec la divinité taoïste connue sous le nom de « reine des cieux ». Si l'on tient compte du fait qu'un *bodhisattva* réunit en lui le savoir et la compassion, il n'y a rien de surprenant à ce qu'Avalokitesvara ait été assimilé à la Déesse qui, dans son rôle de divinité omnisciente appelée à juger les morts, fait souvent preuve de clémence et de pitié.

Libérer la Déesse

L'historique des mouvements de renaissance du culte de la Déesse commence probablement en 1861 avec la publication de *Mother Right* de J. J. Bachofen, historien et anthropologue suisse (1815-1887). Bachofen considérait la famille comme une institution sociale, et pensait que les mères avaient eu autrefois la préséance sur les pères. Si l'on est d'accord avec sa théorie, si l'on considère que les premières sociétés humaines ont été élaborées par des femmes, il en découle inéluctablement que les mythologies et les religions originelles furent également la création des femmes.

En 1921, dans *The Witch-Cult in Western Europe*, Margaret Murray affirmait qu'une religion païenne féminine, dont les dernières prêtresses furent qualifiées de sorcières, aurait existé sans interruption depuis le paléolithique. Les théories de Murray ont été discréditées par la suite, mais elles influencèrent bon nombre de personnes qui créèrent des groupes néo-païens ou des « ordres de sorcellerie ». Aux yeux des adeptes modernes du culte de la Déesse, même si la croyance en un passé qui aurait été un âge d'or de la femme n'est pas fondée historiquement, elle trouve sa justification sur le plan du mythe et de l'imaginaire, en tant que moyen de se transcender.

Lors des rites afro-américains célébrés au Brésil par les sociétés religieuses appelées candomblés, les femmes sont souvent possédées par des manifestations de la Déesse. Sous les appellations de santeria *ou de* macumba, *de tels cultes se répandent rapidement dans les grandes villes américaines.*

La Déesse aujourd'hui

Caverne de Grapceva : Voyez par vous-même, *photographie prise en 1977 sur l'île de Hvar (Croatie). Mary Beth Edelson, photographe, fit un pèlerinage en ce lieu de culte néolithique après avoir lu* Gods and Goddesses of Old Europe, *de Marija Gimbutas (voir p. 13).*

Dans le monde entier, de nombreux prolongements des cultes consacrés à la Déesse ont perduré jusqu'à nos jours. En Inde, la Déesse est l'objet de la ferveur populaire, sous les apparences de Kâlî et Durgâ. La grande déesse Devî est vénérée, sous diverses formes, au Tibet et en Asie du Sud-Est. En Océanie et en Afrique, diverses populations continuent d'adorer la Déesse malgré tous les efforts des missionnaires chrétiens.

Quant aux pays catholiques, et tout spécialement ceux d'Amérique latine, ils n'ont jamais cessé de rendre un culte à la Déesse, sous l'apparence des diverses saintes et de la Vierge Marie.

C'est après la Seconde Guerre mondiale que les sociétés occidentales ont commencé à s'intéresser à la Déesse. Le conflit avait mis en lumière la dichotomie existant entre l'état d'infériorité de la femme et l'importance de sa contribution à la vie de la communauté. Le déséquilibre entre les sexes était devenu patent, et les grandes religions paraissaient le cautionner. De plus, la réindustrialisation et le matérialisme ambiant conduisirent de plus en plus de gens à rechercher une alternative au progrès

DISCIPLES DE LA DÉESSE

Les néo-païens rendent un culte à divers aspects de la Déesse remontant aux traditions égyptiennes, mésopotamiennes, grecques, scandinaves, hindoues et nord-américaines.

La majorité des néo-païens ne sont pas des personnes qui ont décidé de vivre en marge de la société, mais des membres des classes moyennes des pays occidentaux : scientifiques, enseignants, politiciens, personnalités des médias : tous attirés par le message holistique du néo-paganisme (qui met l'accent sur l'unité de l'humanité et de la nature) et par son insistance sur la liberté de croyance et de culte.

Les groupes néo-païens s'entraident sur le plan mondial. Ils ont organisé en Allemagne, en 1988, la première « fête païenne européenne ». La Fédération païenne regroupe des membres habitant l'Amérique, l'Inde, l'Afrique et l'Europe, et issus de milieux shintoïstes, chrétiens, bouddhistes, hindouistes et juifs. En 1990, on comptait aux États-Unis 100 000 néo-païens environ. La moitié des néo-païens se considère comme des sorciers ou des sorcières et, en 1996, la Wiccan Church du Royaume-Uni annonçait douze mille membres.

En accord avec un dogme du culte de la Déesse, l'interdépendance de tous les éléments qui composent le cosmos, les groupes néo-païens refusent toute ségrégation raciale, professionnelle ou sociale.

Le Couronnement d'Isis *(1996), version moderne d'un rituel païen, illustrée par Stuart Littlejohn*

technologique. Le culte de la Déesse offrait la possibilité de choisir un nouveau style de pratique religieuse, et prônait une nouvelle conception de la place de l'être humain dans la nature.

Les divers groupes que l'on rassemble habituellement sous l'étiquette œcuménique de « néo-paganisme » croient à l'interdépendance des divers éléments du cosmos et des différentes espèces végétales et animales qui le peuplent. Dans *Drawing Down the Moon* (1979), Margot Adler regroupe les principales croyances des adeptes modernes de la Déesse sous trois thèmes : polythéisme (même si les multiples aspects de la Déesse émanent d'une même puissance divine), panthéisme (demeure de la Déesse, la nature est déifiée, et on ne lui prend que le strict nécessaire, en s'efforçant de le remplacer d'une façon ou d'une autre) et animisme (objets, plantes et animaux renferment chacun une parcelle de l'énergie vitale qui lie ensemble tous les éléments du cosmos). Faite à l'image de la Déesse, la femme est le réceptacle du divin, et son corps est digne de vénération. Cette conception du corps féminin comme temple ou tabernacle de la Déesse était la revendication d'une ancienne tradition, et contribua à développer l'amour-propre féminin. Le corps fut de nouveau utilisé dans le culte, et devint le centre de divers rituels, certains imités de pratiques anciennes, principalement égyptiennes, d'autres inspirés par des mœurs contemporaines.

À la recherche de la Déesse

Dans *The Witch-Cult in Western Europe* (1921), l'anthropologue Margaret Murray expose la théorie selon laquelle la chasse aux sorcières menée du XIVe au XVIIe siècle aurait eu pour objectif la destruction d'une religion païenne organisée. Elle affirme que cette religion remontait au paléolithique et la qualifie de « culte dianique » à cause de la dévotion que ses adeptes auraient eu pour la déesse lunaire des Romains. Cette théorie impressionna vivement le britannique Gerald Gardner (1884-1964) qui contribua largement à populariser l'idée selon laquelle la sorcellerie aurait été une religion.

Gardner appartenait depuis plusieurs années à une loge maçonnique occulte lorsqu'il rejoignit, en 1939, un ordre de « sorcières héréditaires ». En 1951, suite à l'abrogation de la loi anglaise sur la sorcellerie, il décida de fonder son propre ordre. Bien qu'affirmant pratiquer la « vieille religion », il avait adopté des cérémonies et des rites inspirés de l'occultiste français Éliphas Lévi (1810-1875) et d'Aleister Crowley (1875-1947), qui prétendait être l'Antéchrist. Gardner soutenait que la divinité suprême était le dieu masculin, et que les femmes devaient obéissance aux hommes.

C'est probablement Doreen Valiente qui a redonné la prééminence à la Déesse dans la sorcellerie moderne. Admise en 1953 dans l'ordre gardnérien, elle en devint rapidement la grande prêtresse, s'attachant à réviser la plupart

MAGIE

Doreen Valiente définit la magie comme une connaissance de la nature et de ses modes de fonctionnement, mais si minutieuse, si approfondie, qu'elle peut être utilisée pour entrer en communication avec les éléments et produire certains effets. En procédant de la façon convenable, il est possible de modifier le cours d'une existence individuelle sans contrarier de façon significative les desseins de la divine providence. Pour Valiente, le savoir du magicien doit s'accompagner d'une sincérité et d'un sens des responsabilités qui lui interdisent de rabaisser ou de discréditer la sorcellerie. Une attitude en contradiction avec la définition que l'occultiste Aleister Crowley donnait de la magie : « C'est la science et l'art de provoquer des changements à volonté. » Y compris des changements contraires à l'intérêt de la nature. Crowley avait pour maxime : « La seule loi doit être : fais ce que tu veux. »

Les religions dominantes opposent la magie et la prière. Dans la première, l'individu chercherait à imposer sa volonté à la divinité, tandis que dans la seconde il ferait appel à elle pour obtenir la réalisation d'un souhait. Pourtant, pratiquée de la manière réfléchie que préconise Doreen Valiente, la magie n'obtient de résultats que par la grâce de la Déesse, et ne diffère de la prière que par ses effets qui peuvent être plus immédiats et plus évidents.

La magie est parfois qualifiée de noire (destinée à faire du tort ou du mal), grise ou blanche, alors qu'elle est *a priori* neutre et ne peut être caractérisée que par l'usage que l'on en fait. Elle est généralement pratiquée en fonction des phases de la lune. Ainsi les rituels et incantations qui se proposent d'obtenir le déclenchement, l'accélération ou l'élimination d'un phénomène, sont plus efficaces respectivement en lune croissante, pleine lune ou absence de lune. Les sorcières modernes utilisent une grande variété de techniques magiques (méditation, chants, couleurs, parfums, symboles, mouvements corporels, etc.) et notent leur savoir-faire dans un « livre des ombres ».

Danse exécutée par des Amérindiens du pueblo de Santa Clara (Nouveau-Mexique), destinée à favoriser la fertilité de la terre et à encourager la pousse du maïs. Les pratiques religieuses amérindiennes ont exercé une forte influence sur le mouvement néo-païen aux États-Unis.

de ses règles, ses dogmes et ses rites. La sorcellerie moderne s'inspira principalement du système gardnérien qui fut rapidement introduit aux États-Unis où se déroulaient des expériences religieuses similaires.

En 1957, Fred Evans, un personnage charismatique, fonda une association baptisée Ferefaria, « la fête de la nature sauvage ». Le culte était centré sur la Déesse ; le salut échangé par les adeptes (« Evo-Kore »), et l'emblème de l'association, l'arbre, symbolisaient le credo selon lequel les humains étaient inextricablement liés à leur environnement, au sein d'une relation qu'Evans qualifiait « d'écopsychique ».

L'un des groupes néo-païens les plus importants est le Dianic Wicca de Zsusanna Budapest, une Hongroise réfugiée aux États-Unis qui affirme être la descendante d'une lignée de sorcières remontant à 1270. Elle adopta une « théalogie » (un néologisme désignant le culte de la divinité féminine) dont les adeptes se réunirent pour la première fois en 1971, lors du solstice d'hiver. La plus célèbre de ses initiées, Starhawk, la sorcière féministe américaine, met l'accent sur l'ambivalence de la Déesse qui, à la fois « amour et colère, refuse de se satisfaire de l'ordre social existant ». Elle précise que la sorcellerie ne fait pas de distinction entre les nécessités matérielles et spirituelles, mais qu'il peut subsister un besoin de spiritualité une fois les besoins matériels assouvis, et que ce désir ne peut être satisfait que par le culte rendu à la divinité féminine qui est en nous, à la Déesse.

Wicca

Diane, la déesse lunaire, reine des sorcières, montée sur son char et entourée par les signes du zodiaque. Peinture de Lorenzo Costa le Jeune (1537-1583)

Adoratrices et adorateurs de la Déesse qualifient habituellement leur religion de « sorcellerie » ou de « vieille religion ». Wicca, le plus connu de tous les cultes modernes de la Déesse, tire son nom du vieux mot anglo-saxon désignant la sorcière. Il plonge ses racines dans le paganisme antique auquel il a emprunté la plupart de ses rites et de ses pratiques. Ses adeptes vénèrent la triple Déesse lunaire (qui préside à la naissance, la vie, la mort, la régénération) et le Dieu solaire cornu, son subordonné et son complément. Le but ultime du croyant est de parvenir à la plénitude, individuelle et universelle, en se rapprochant de la Déesse aux multiples facettes, intrinsèque au psychisme humain. Sa foi dans la valeur de la création conduit le croyant à éprouver un sentiment d'équilibre.

Les wiccans placent la liberté individuelle au-dessus de tout ; elle fait partie intégrante du Wiccan Rede, leur code : « Le Wiccan Rede se résume à huit mots : Fais ce que voudras, ne nuis à personne. » Pour certaines sorcières, cela rend le libre arbitre absolument intangible, et interdit d'user de magie pour limiter la liberté d'action d'une autre personne, aussi dangereuse et criminelle soit-elle. D'autres sorcières acceptent d'intervenir pour « lier » des agissements qu'elles estiment nuisibles, mais refusent de pratiquer des rituels qui pourraient paraître destinés à exercer une revanche ou à imposer une punition.

Le Dianic Wicca de Zsusanna Budapest (cf. p. 153) tolère une certaine dose de magie « grise » en tant qu'antidote aux divers maux qui rongent nos sociétés contemporaines. Ainsi, le Wicca a célébré à San Francisco un rituel public d'envoûtement contre le responsable d'une série de viols et de meurtres qui sévissait impunément depuis plus de trois ans. Après trois

ARADIA

De nos jours, Aradia, fille de Diane, la déesse lunaire, est invoquée lors de nombreux rituels. On ne la connaît pourtant que par l'intermédiaire d'un livre publié en 1899 par le folkloriste Charles Godfrey Leland sous le titre : *Aradia, the Gospel of the Witches*. Ce texte serait la traduction d'un manuscrit remis à Leland par « Maddalena, un Florentin » dont il aurait fait la connaissance alors que celui-ci était déjà âgé.

Leland n'ayant jamais produit le manuscrit original, il est légitime de douter de l'authenticité du contenu de son ouvrage, mais le succès de celui-ci parmi les sorcières n'a cessé de croître depuis sa publication. Selon le *Gospel*, Diane, reine des sorcières, aurait été le premier être créé, et c'est d'elle qu'auraient jailli l'obscurité et la lumière ; cette dernière étant la personnification du principe masculin avec lequel Diane s'accoupla sous l'apparence d'une chatte. Aradia (altération d'Hérodias) naquit de cette union et fut envoyée sur terre pour annoncer la religion appelée par la suite sorcellerie. Les adeptes d'Aradia se recrutaient parmi les opprimés qu'elle exhortait à lutter contre le système féodal au moyen du poison et des sorts.

Aradia est célébrée pour avoir perfectionné les arts magiques : guérison, divination (cartomancie, chiromancie), apprivoisement des bêtes sauvages, communication avec les esprits, compréhension du langage des éléments. Avant de retourner auprès de sa mère, Aradia demanda aux sorcières de lui rendre un culte chaque nuit de pleine lune, leur laissant une formule pour l'invoquer. Dans ce but, les sorcières se rendent dans un champ, à minuit, avec un petit sac rouge empli de sel.

---

mois de pratiques magiques, le coupable a été finalement arrêté.

Un mythe wiccan conte comment Le Trépas succomba aux charmes de la Déesse. Il la salua avec les deux mots que les wiccans emploient encore aujourd'hui, « sois bénie », et lui baisa les pieds, les genoux, le sexe, les seins, les lèvres (il s'agit du « quintuple baiser » qui est pratiqué lors de nombreux rites wiccans, dont ceux d'initiation). Puis Le Trépas expliqua : « Pour renaître, il vous faut mourir et être prêt à accepter un nouveau corps ; pour mourir, il faut d'abord être né, et sans amour vous n'auriez pas vu le jour ; c'est là toute la magie. »

Le « grand rite » réinterprète l'union sexuelle de la Déesse et du Dieu. Il peut être accompli réellement, par une prêtresse et un prêtre, ou de façon symbolique, en plongeant l'*athame* (le couteau de la sorcière) dans un calice.

Zsusanna Budapest. Son livre Holy Book of Women's Mysteries *est un des textes fondateurs du Wicca.*

« Faire descendre la lune » est une cérémonie importante qui serait originaire de la Thessalie antique. La grande prêtresse invoque la Déesse, lui demandant de descendre de la pleine lune, et devient le médium par l'intermédiaire duquel la Déesse manifeste sa présence.

Certains wiccans croient que leur corps est l'instrument au moyen duquel là Déesse a le pouvoir de guérir ; mais ils prennent bien garde à ne pas interférer avec la nature, craignant de compromettre l'équilibre de l'univers.

L'essence de la féminité

En Inde, au VIIe siècle, des textes mystiques appelés *tantra* commencèrent à propager le concept de Sakti : l'énergie féminine brute, la puissance primordiale sans laquelle les dieux (en particulier Siva) ne pourraient pas fonctionner. « Les femmes sont la divinité ; elles sont le souffle vital », affirme un *tantra.* Après des siècles de cultes masculins indo-européens, la Déesse réaffirmait sa suprématie.

Selon la conception tantrique, Sakti émane du « grand pouvoir », de la force universelle, de Mahâkâlî, Kâlî la Grande. Elle contient le cosmos et les dieux. Une peinture montre Siva assis dans son crâne, Visnu sur ses seins, et Brahma sur sa vulve. Non contents de penser que la force prodigieuse de la Déesse est la puissance universelle, essentielle, qui fait agir et protège les dieux, de nombreux *tantra* qualifient la Déesse de Mahâvidya, la Grande Sagesse.

De plus en plus de femmes hindoues cherchèrent à acquérir la force positive de Sakti et à s'en inspirer. Ses figurations les plus populaires sont des images de suprématie sur le plan sexuel. Personnifiée par Kâlî, on la représente le pied posé sur la poitrine de Siva, son époux, lors de sa danse de destruction (cf. p. 138), ou encore le chevauchant au moment de l'acte sexuel. *Kalika Purana*, un texte sacré, conte les joutes amoureuses de Kâlî et Siva, leur goût pour les jeux érotiques et la détermination de Kâlî à imposer sa volonté dans ce domaine. Sa vulve, ou yoni (cf. p. 96-97), est vénérée par les *saktas* (dévots de Sakti) sous le nom de « grand utérus » ; et certains *saktas* masculins vont jusqu'à s'émasculer pour tenter d'imiter l'apparence de Sakti. Les membres de la secte des *vamachari saktas* boivent du sang menstruel lors de certains de leurs rites afin d'assimiler l'énergie cosmique de Sakti.

Même si elle est souvent présentée comme sanguinaire, Kâlî n'est jamais

LE LIBRE CHOIX

L'autorité est l'une des principales qualités des femmes et des divinités personnifiant l'essence de la féminité. C'est également le thème principal de la légende arthurienne de Gauvain et Raguenelle. Sire Gauvain, neveu du roi Arthur, accepte d'épouser Raguenelle, une horrible sorcière, en échange de la réponse à une devinette : « Qu'est-ce qu'une femme désire le plus ? » La réponse étant : « La souveraineté. »

Les versions conservées ont altéré le mythe pour lui faire transmettre l'idée frivole selon laquelle une femme finit toujours par arriver à ses fins, alors que la véritable signification de la devinette a trait à la possibilité, pour la femme, de se réaliser en exerçant son libre choix. Le soir du mariage, mû par un sentiment de pitié, Gauvain embrasse la hideuse Raguenelle qui se transforme aussitôt en une belle jeune femme. Seul ce baiser pouvait la délivrer du sort qui lui avait été jeté, mais comme Gauvain a agi sans désir, le sort n'est que partiellement levé.

Raguenelle donne le choix à Gauvain : préfère-t-il qu'elle soit belle le jour, pendant qu'ils sont à la cour d'Arthur, ou la nuit quand ils se retrouvent seuls ? Ne parvenant pas à se décider, Gauvain laisse le choix à Raguenelle, lui accordant du même coup la souveraineté sur lui-même.

Plus tard, Gauvain subit avec succès les épreuves qui font de lui un homme et un chevalier accompli, et Raguenelle le récompense en devenant belle de jour comme de nuit.

Swayambram *(1996), gouache de Gogisaroj Pal. Vision moderne de la tradition guerrière hindoue selon laquelle des hommes parcouraient de grandes distances pour s'assembler devant une femme et la laisser choisir librement son compagnon parmi eux.*

destructrice sans raison ; sous son aspect le plus redoutable, elle s'efforce tout au contraire de triompher des forces démoniaques avant que celles-ci ne risque de mettre l'ordre cosmique en péril. Elle est par ailleurs le parfait modèle de l'équilibre féminin : forte, active et déterminée, plutôt que gratuitement agressive. Elle rend aux femmes les vertus que les sociétés patriarcales leur ont déniées le plus souvent: la force (physique et morale), l'intelligence et le savoir, la suprématie sur le plan sexuel.

Festivités païennes modernes

Connu sous le nom de « roue de sorcière », le calendrier païen compte huit fêtes annuelles. Les quatre principaux sabbats sont calqués sur les grandes fêtes celtiques : Imbolc (1er février), Beltaine (1er mai), Lugnasad (1er août) et Samain (1er novembre). Les quatre sabbats secondaires correspondent aux solstices et aux équinoxes : Ostara (21 mars), Mi-Été (21 juin), Mabon (21 septembre) et Yule (21 décembre). Si les sabbats découlent directement du calendrier druidique, ils sont également en relation avec les calendriers d'autres cultures de par le monde, et marquent des dates qui ont toutes été récupérées par le calendrier catholique (Noël, Présentation, Pâques, Saint-Jean, Toussaint, etc.).

Une page de Raphaël's Witch *ou* Oracle of the Future, *un manuscrit du XIXe siècle basé sur le calendrier païen*

Yule, équinoxe d'hiver, correspond à la période au cours de laquelle les déesses Ashtart/Astarté (Canaan), Ishtar (Mésopotamie), Isis (Égypte) et Myrrha (Grèce) donnaient naissance au soleil. À Imbolc, les Celtes d'Irlande fêtaient Brigit (cf. p. 35) dont l'esprit était censé s'infiltrer dans une effigie préparée spécialement à cet effet. En Grèce, Déméter et Corè étaient fêtées début février (cf. p. 70-71).

Ostara (du nom de la déesse teutonne

Les Quatre Sorcières *(1497), gravure de Dürer inspirée du* Malleus Maleficarum *(1486), ouvrage utilisé par les « chasseurs » de sorcières*

DANSER VÊTU DE CIEL

Depuis le XVe siècle, l'image des sorcières dansant nues (vêtues de ciel) sous la pleine lune est associée à des cultes sataniques ; c'est pourquoi plusieurs des premiers ordres de sorcières modernes ont évité la nudité. Néanmoins, celle-ci est généralement considérée comme un élément important des rituels, et la plupart des ordres laissent leurs membres décider s'ils préfèrent ou non danser nus. En tant qu'adoratrices de la déesse terre, beaucoup de sorcières se débarrassent de leurs vêtements afin de s'intégrer le plus intimement possible à leur environnement.

Aradia (cf. p. 155) exhorte ses adeptes à se rassembler nus chaque nuit de pleine lune pour lui rendre un culte. « Vous serez délivrés de votre esclavage ; et pour montrer que vous êtes réellement libres, vous irez nus, danserez, chanterez, festoierez, ferez l'amour et de la musique, en mon honneur. »

Aux yeux de Starhawk (cf. p. 153), la nudité révèle « la vérité sous les codes sociaux ». Pour elle, la sorcière se met nue « afin de jeter bas le masque social et d'établir des rapports plus étroits ; parce qu'il lui est ainsi plus aisé de laisser son pouvoir s'épanouir, et que le corps humain est sacré. La nudité est la preuve que la sorcière est attachée avant tout à la vérité, non à une idéologie ou une illusion rassurante. »

Les habitants du village provençal de Murs (Vaucluse) ont fait revivre une ancienne fête païenne à l'occasion de laquelle femmes et hommes échangent leurs vêtements.

du printemps, et de la déesse aryenne de l'aube) correspond à la première date possible de Pâques. La coutume d'échanger des œufs à cette période de l'année pourrait remonter aux anciens Iraniens pour qui les œufs, peints en rouge, symbolisaient l'origine du cosmos (cf. p. 52). Les rites dyonisiaques de l'ancienne Grèce étaient célébrés à l'équinoxe de printemps.

Beltaine est en rapport avec la nuit de Walpurgis (nuit du grand sabbat des sorcières et sorciers du monde germanique), avec le moment où la reine de mai épouse le dieu soleil, où les principes féminins et masculins sont en parfaite harmonie.

C'est à la Mi-Été que les pratiques magiques – plus particulièrement celles en relation avec l'amour – sont le plus efficaces. En Irlande, Lugnasad aurait été soit la fête de Lug, le dieu solaire, soit une fête instituée par Lug en l'honneur de Taïltiu, sa belle-mère. À cette occasion, on disputait des compétitions, on signait des traités, et le roi suprême épousait symboliquement la déesse terre (cf. p. 34).

Mabon, l'équinoxe d'automne, et Samain sont deux fêtes dédiées aux défunts. Pour Halloween, veille du 1er novembre, les enfants se déguisent en fantômes ou en sorcières, et font une tournée de quête. En Écosse et en Irlande on laissait traditionnellement mourir le feu dans l'âtre, la nuit de Samain, et on le rallumait avec un brandon allumé à un grand feu sacrificiel qui était censé consumer les fautes et les querelles de l'année écoulée.

Références documentaires

La Déesse et les animaux

Dans la plupart des mythologies européennes et proche-orientales, les déesses sont associées à des animaux beaucoup plus souvent que les dieux. Une déesse peut se manifester couramment sous une apparence animale. Ainsi, Artémis était parfois vénérée sous la forme d'une ourse, par des femmes appelées *arktoi* (ourses). Dans le temple d'Artémis Despoina (la « souveraine », la « maîtresse »), la statue de la déesse était drapée d'une peau de cerf. Au contraire, chaque fois qu'un dieu prend une apparence animale, il s'agit généralement d'une ruse (Zeus se déguisant en cygne, en aigle ou en taureau pour abuser de ses victimes), ou d'une forme de sacrifice (l'Agneau de Dieu ou Agneau mystique, c'est-à-dire le Christ en tant que victime expiatoire et sans tache).

L'association de la déesse et des animaux sacrés remonte probablement aux sculptures et peintures rupestres du paléolithique. Si les représentations humaines féminines sont beaucoup plus fréquentes que les représentations masculines, les figurations les plus nombreuses, et de très loin, sont des images d'animaux. Les grands herbivores

CI-CONTRE Méduse endormie, *de Fernand Khnopff (1858-1921). Méduse (la Gorgone) et la chouette étaient en relation avec Minerve.*

CI-DESSOUS *Déesse béotienne aux animaux (décor d'un bol ; VIIIe siècle av. J.-C.)*

SITES AYANT LIVRÉ DES VÉNUS PRÉHISTORIQUES ; GROTTES-TEMPLES À SCULPTURES ET PEINTURES RUPESTRES

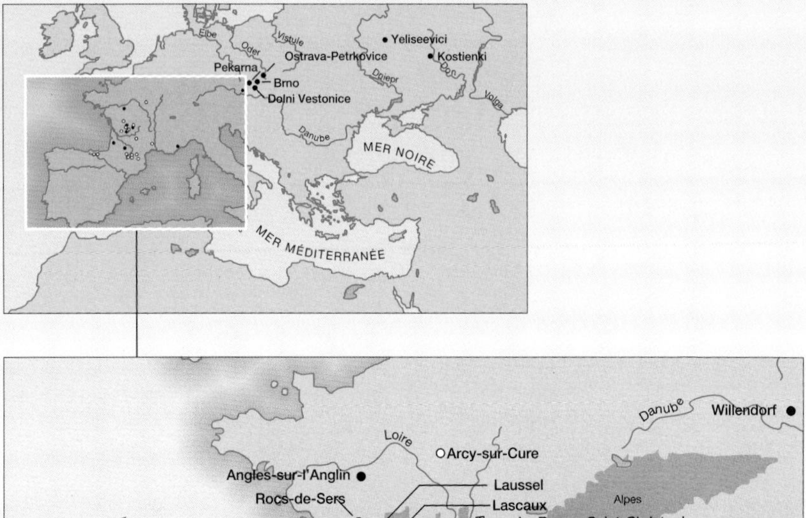

Les premières peintures rupestres paléolithiques furent découvertes sur les plafonds de la grotte d'Altamira (Espagne), en 1879. La plupart des autres grottes à peintures et sculptures furent découvertes au début du XXe siècle et reçurent la visite de chasseurs de trésors avant de devenir des attractions touristiques. Résultat : beaucoup d'entre elles (dont celles de Lascaux) subirent plus de dommages en quelques décades qu'au cours de plusieurs millénaires.

Vénus en terre cuite trouvée à Malte (vers 3400-3000 av. J.-C.). Les temples néolithiques de Malte furent bâtis entre 3500 et 2500 av. J.-C. par des envahisseurs venus de Sicile. Faits de blocs de pierre, ils surmontent des tombes en forme de grotte taillées dans la roche. Leurs plans au sol rappellent la silhouette des vénus préhistoriques, indiquant une proche parenté entre la terre, le temple et la divinité à laquelle il était dédié. Plusieurs temples sont décorés de peintures à l'ocre rouge représentant des arbres et des animaux (poissons, taureaux, cochonnets).

(bisons et chevaux) viennent en tête tandis que lions et rhinocéros sont rares ; mais les hommes du paléolithique ne représentaient guère les espèces qu'ils chassaient le plus fréquemment. Ainsi, les os de renne constituent 90 % des restes de nourriture trouvés dans les grottes de Lascaux alors qu'il n'existe dans tout le complexe souterrain qu'une seule peinture représentant un renne. Contrairement à ce que l'on a pensé pendant longtemps, les peintures rupestres ne sont pas des catalogues de gibiers potentiels, mais plutôt des sortes de livres saints regroupant des ensembles de figurations symboliques, disposées de façon structurée et cohérente, et conservant le souvenir d'une idéologie perdue.

En 1959, le préhistorien français André Leroi-Gourhan entreprit l'analyse systématique de l'iconographie d'une soixantaine de grottes paléolithiques. Il identifia un ensemble de signes abstraits accompagnant les figurations d'animaux. Les signes « pleins » seraient des représentations schématiques de vulves, utérus et autres images féminines. Les signes « déliés » (réduits parfois à des lignes continues ou pointillées) dériveraient de représentations réalistes du phallus. Les signes pleins voisinent avec les bisons, biches et mammouths, qu'ils associent à une puissance féminine. Les chevaux, eux, sont entourés de signes déliés. Les figurations masculines étant le plus souvent situées à la périphérie des ensembles. L'archéologue James Mellaart, qui conduisit les fouilles de Çatal Hüyük, dans les années 1960, observa les mêmes dispositions iconographiques : une image féminine centrale, entourée de symboles masculins subordonnés, satellites.

Quelques-unes des peintures rupestres paléolithiques les plus spectaculaires sont situées dans les parties les plus exiguës, les plus difficiles d'accès des grottes, ce qui a conduit certains chercheurs à penser que lesdites grottes pourraient avoir symbolisé l'utérus de la terre dont tous les animaux seraient issus ; une hypothèse renforcée par la tendance des artistes paléolithiques à rehausser les accidents de la roche susceptibles d'évoquer une vulve (fentes, fissures, crevasses) en les barbouillant d'ocre rouge afin d'accentuer la ressemblance. En revanche, les théories de Leroi-Gourhan semblent indiquer qu'il existait alors une plus grande complémentarité entre les sexes que ne le pensent les tenants de la Déesse préhistorique : les fissures décorées sont entourées de groupements de signes déliés, donnant à penser que les hommes du paléolithique étaient parfaitement informés du rôle joué par les mâles dans la reproduction.

Travestismes

Le travestisme rituel était une caractéristique de nombreux « clergés » païens. L'exemple le plus connu est celui des prêtres de Cybèle qui s'émasculaient lors de leur initiation et, à compter de ce jour, ne portaient plus que des vêtements féminins. L'historien latin Tacite (vers 55-120) affirme que chez les Germains, les prêtres s'habillaient toujours en femme. À son époque, Cybèle était l'une des divinités romaines les plus vénérées, et le travestisme rituel faisait partie intégrante de festivités comme les Lupercales qui se déroulaient chaque année le 15 février, probablement

MYTHES DE CRÉATION DANS LESQUELS FIGURENT DES ÊTRES OU DES DIVINITÉS HERMAPHRODITES

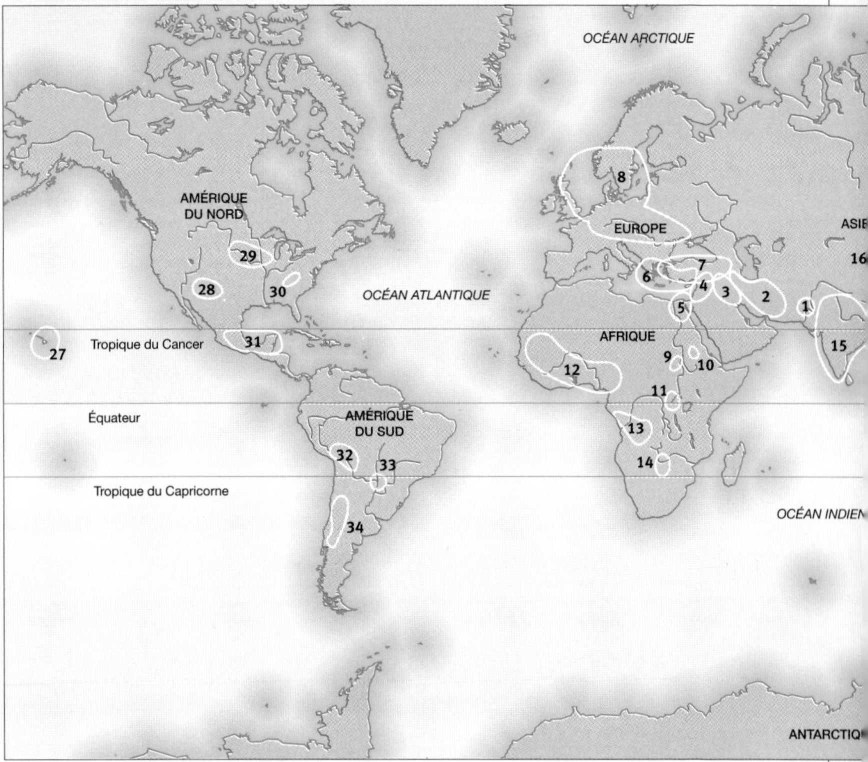

Dans de nombreuses mythologies, le créateur n'est ni féminin, ni masculin, mais hermaphrodite et capable de s'accoupler avec lui-même pour générer le monde. Par la suite, le caractère hermaphrodite du créateur a souvent été dissimulé.

en l'honneur de la louve qui allaita Rémus et Romulus. Trois siècles plus tard, Saint Augustin (354-430) fulminait contre les hommes qui s'habillaient en femme lors de la fête de Janus.

Le travestisme rituel a survécu dans plusieurs cultures traditionnelles, coïncidant souvent avec des mythes de création dans lesquels des êtres ou des divinités hermaphrodites jouent un rôle. Ainsi, chez les Navajos, le *nadle* est un homme auquel la lune demande, lors d'un rêve, de devenir une femme ; et les chamanes des Dayaks de Bornéo se

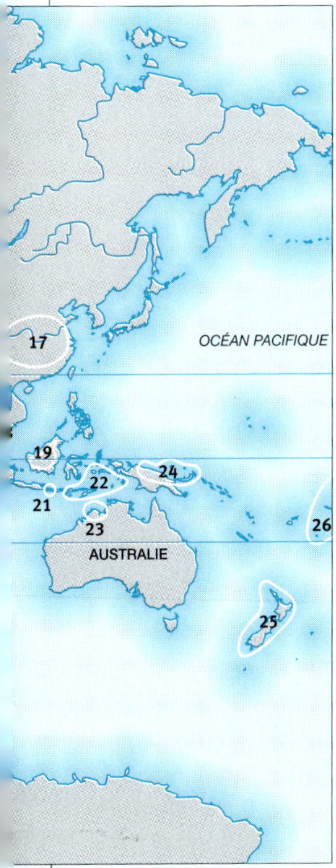

Légendes

Localisations des créateurs hermaphrodites.

1 - Civilisation de la vallée de l'Indus.
2 - Iran ancien.
3 - Sumer.
4 - Phéniciens et autres peuples sémitiques.
5 - Égypte ancienne.
6 - Cultes égéens (orphisme).
7 - Asie Mineure.
8 - Germains et Nordiques (ainsi que l'alchimie et la kabbale européennes).
9 - Nubie ancienne.
10 - Kunamas du Soudan oriental.
11 - Hundes du Zaïre.
12 - Dogons et Bambaras du Mali.
13 - Vili-Kongos, Lubas, Luluas, Tshokwes du Zaïre et de l'Angola.
14 - Thongas Lala du Zimbabwe et du Botswana.
15 - Traditions védiques, hindouistes, tantriques et saktistes de l'Inde, et groupes locaux (Musahar, etc.).
16 - Kochins, Nâgas, Abors et Khasias (Assam, Birmanie).
17 - Taoïsme et confucianisme, en Chine.
18 - Se-Plakaïs de Malaisie.
19 - Dayaks de Bornéo.
20 - Divers groupes sur Pulau Nias.
21 - Bali.
22 - Divers groupes sur des îles entre Sumba et Aru.
23 - Aborigènes du nord de l'Australie.
24 - Widaros, Yatmuls et divers groupes (Nord Nouvelle-Guinée, Nouvelle-Irlande, îles de l'Amirauté).
25 - Maoris de Nouvelle-Zélande.
26 - Tongans, Tahitiens, Raïatéans (Polynésie).
27 - Hawaï.
28 - Zuñis et Navajos.
29 - Sauks, Foxes, Dakotas et Omahas.
30 - Cherokees.
31 - Aztèques et Mayas.
32 - Aymaras.
33 - Lenguas du Paraguay.
34 - Araucans du Chili.

travestissent après en avoir reçu l'ordre des esprits, en rêve. Mais le travestisme rituel ne coïncide pas toujours avec le thème mythique du créateur hermaphrodite. Ainsi, les Tchouktchis de Sibérie orientale ont une catégorie de chamanes appelés « hommes tendres » qui s'habillent et se comportent comme des femmes, et ont parfois un époux.

Il est possible que prêtres et chamanes se travestissent pour essayer de parvenir à une androgynie qui unifie les aspects complémentaires de la femme et de l'homme, pour tenter d'atteindre à un état supérieur, divin ou quasi divin. Les adeptes de la Déesse pensent plutôt qu'il fut un temps où les femmes étaient en possession de toutes les connaissances religieuses et magiques. Quand les hommes commencèrent à s'approprier le pouvoir spirituel, ils s'habillèrent et se comportèrent en femme pour être plus facilement acceptés par les esprits et les forces de la nature. Les tenants de cette théorie font remarquer que les Célèbes présentent l'exemple d'une culture où les hommes n'ont pas accaparé l'autorité religieuse, et ils insistent sur le fait qu'en dépit des efforts d'un clergé masculin naissant, les femmes y ont toujours eu la charge du culte, n'acceptant que l'aide de prêtres travestis appelés *tjalabaï* (imitations de femmes).

Certains travestis rituels affirment vouloir imiter une déesse. En Inde, les *hijras* s'émasculent en contemplant une image de la déesse Bahachura Mata, et en répétant son nom, avec l'espoir de s'identifier à elle. Les Dayaks invoquent habituellement les esprits au nom d'Ini, la grande mère. Dans *Le Chamanisme et les techniques archaïques de l'extase* (1951), l'historien des religions Mircea Eliade écrit que les pratiques religieuses des Dayaks « montrent clairement des traces de magie féminine et de mythologie matriarcale ». Cependant, un « homme tendre » tchouktchi ne cherche pas à imiter une déesse. Un esprit masculin appelé *ke'let* lui ordonne de changer de sexe et devient son « époux ». Ces esprits masculins sont si puissants et si protecteurs, qu'en dépit de leurs manières timides, les hommes tendres sont les plus redoutés de tous les chamanes tchouktchis.

En Inde, les adeptes masculins de Krisna s'habillent en femme pour s'identifier aux *gopis*, les vachères qui furent séduites par le dieu. Un travestisme qui s'explique également par le fait que « toutes les âmes sont féminines aux yeux de Dieu ».

La tradition courtoise

À mon seul désir, *l'une des six tapisseries composant la tenture appelée « La dame à la licorne » (attribuée à un peintre-cartonnier français et à un atelier belge – Tournai ? – de la fin du XVe siècle). D'après la légende, la licorne se laissait capturer par une vierge car elle aimait placer sa corne dans le giron d'une jeune fille. Selon les propres termes d'un hymne médiéval, le Christ est « la licorne sauvage que la Vierge a capturée et apprivoisée ».*

Au XIIe et XIIIe siècles, chansons et poèmes de langue d'oil, de langue d'oc et de langue germanique expriment la même vision idéalisée de la femme : inaccessible, parfaite et objet d'une dévotion constante mais sans espoir. Trouvères, *trobadors* (troubadours) et *Minnesinger* considèrent la dame de leurs pensées comme une déesse, et lui rendent un culte. Même si l'on ne trouve que peu de traces de culte marial dans les premières œuvres de ces poètes-compositeurs, dès le début du XIIIe siècle, la dame est appelée régulièrement « la Vierge ».
Cette littérature courtoise est également préoccupée de chevalerie et d'aventures. Elle détaille les actes de bravoure susceptibles de faire qu'un homme mérite d'attirer l'attention de sa dame. L'un des ouvrages les plus importants de la tradition courtoise est le *Perceval ou le Conte du Graal*, de Chrétien de Troyes (vers 1135-vers 1183). Ce récit en vers a introduit le thème du Saint-Graal dans la littérature européenne. Le Graal, symbole de rajeunissement et de vie éternelle, renvoie aux chaudrons de résurrection des divinités celtiques (cf. p.35 et 132). Quant à Perceval, il est inspiré de Peredur, héros historique du pays de Galles (VIe siècle), mais surtout de Pryderi qui, dans le cycle mythologique gallois des *Mabinogion*, est le fils de Pwyll, dieu des morts, et de Rhiannon (« la grande reine »), une antique déesse mère. Surnommé à l'origine « le Vert » et « le fils de la veuve », Perceval est une survivance du fils-amant de la Déesse (cf. p. 80-81).

Postface

Les déesses qui hantent de leurs grands corps fertiles l'histoire de notre humanité sont pour le philosophe les clairs symboles de ce qui dans l'Être demeure ouvert ou tend à se manifester.

La déesse est aux dieux ce que la Présence (Shekinah) est à l'Être (YHWH), à la fois son secret et son énergie déployée.

Dans la bibliothèque hébraïque, parmi ses rayons les plus grecs, un livre lui est consacré : Le livre de la Sagesse (Sophia). Salomon l'a préférée aux sceptres et aux trônes et a tenu pour rien la richesse en comparaison de sa Beauté :

> « Je ne lui ai pas égalé la pierre la plus précieuse, car tout l'or, au regard d'elle, n'est qu'un peu de sable, à côté d'elle l'argent compte pour de la boue. Plus que santé et beauté je l'ai aimée, et j'ai préféré l'avoir plutôt que la lumière, car son éclat ne connaît point de repos. Mais avec elle me sont venus tous les biens. Je me suis réjoui, parce que c'est la sagesse qui les amène. J'ignorais pourtant qu'elle en fût la mère » (Sag. 7/8-12).

Mère, matrice, Déesse… métaphores de l'Origine même ou de son essence. Origine qui se laisse penser ou imaginer sous les formes d'une vacance où se déploient les profondeurs charnelles et inaccessibles de « ce qui est ».

L'Origine, en effet, reste à penser et à imaginer au Féminin, c'est pour cela que chacun lui dit « mère ». Ainsi le Présent devient Présence, la Sagesse se tient en amont et en aval de l'Étant, elle est sa mère, son épouse et sa fille, elle est l'origine capable de se donner, elle fait passer l'ultime des catégories de l'Être à celles du Don.

On comprend mieux alors pourquoi dans l'Évangile selon Marie (Myriam de Magdala) comme dans l'Évangile selon Philippe, Myriam, image riche et contrastée de la Sophia, est à la fois mère, sœur et compagne du Logos incarné :

> « Trois marchaient toujours avec l'Enseigneur, Marie, sa mère et la sœur de celle-ci, et Myriam de Magdala, que l'on nomme sa compagne, car Myriam est sa sœur, sa sœur et sa compagne » (Ev. Ph 59, 6-11).

Aujourd'hui les physiciens nous rappellent que la causalité locale, essentielle pour la physique classique, fait place à une causalité globale qui, sans se confondre avec une quelconque finalité, détermine néanmoins l'évolution des ensembles de systèmes en interaction. Cette causalité « plus fine » n'est-ce pas, à côté du Créateur, la « Créatrice », la Sagesse par laquelle tout existe et sans laquelle rien n'existe ?

> « En elle, en effet, est un souffle intelligent, saint, unique, multiple, subtil, mobile, pénétrant, sans souillure, clair, impassible, ami du bien, prompt, irrésistible, bienfaisant ami des hommes, ferme, sûr, sans souci, qui prend tout, surveille tout, pénètre à travers tous les esprits, les intelligents, les purs, les plus subtils. Car plus que tous mouvements la Sagesse est mobile : elle traverse et pénètre tout grâce à sa pureté, elle est en effet un effluve de la puissance de Dieu, une émanation toute pure de la gloire du "Tout ce qui est", aussi rien de souillé ne s'introduit en elle. Car elle est un reflet de la lumière éternelle, un miroir sans tache de l'activité de Dieu, une image de sa bonté.
> Bien qu'étant seule, elle peut tout, demeurant en elle-même, elle renouvelle l'univers et d'âge en âge passant en des âmes saintes, elle en fait des amis de Dieu et des prophètes ; car Dieu n'aime que celui qui vit avec la Sagesse » (Sag. 7/22-29).

Dieu n'aime que celui qui vit avec la Sagesse... peut-il faire autrement ? Sinon il demeurerait Inconnu. Que serait le Présent sans Sa Présence ? L'essence sans sa manifestation ?

Nombreux sont les amants de la sagesse qui, de l'Antiquité aux penseurs russes contemporains (Soloviev, Boulgakov) connaissent l'étreinte qui faisait chanter à Salomon son « chant des chants » – son Cantique des Cantiques.

> « C'est la Sagesse que j'ai chérie et recherchée dès ma jeunesse. J'ai cherché à la prendre pour épouse et je suis devenu aimant de sa beauté.
> Elle fait éclater sa noble origine en vivant avec Dieu car le Maître de tout l'a aimée.

> Elle est l'initiée à la science de "l'Être qui est ce qu'Il est" (YHWH) ; c'est elle qui incarne son agir. Si dans la vie s'enrichir est désirable, quoi de plus riche que la Sagesse, qui opère tout ? Je décidai donc de la prendre pour compagne de ma vie… » (Sag. 8/2-9).

Car ce qui nous fait dieux, c'est la Déesse, ce qui nous fait hommes, c'est la Sagesse.

Jean-Yves LELOUP

Bibliographie

ALLEN, Paula Gunn : *The Sacred Hoop : Recovering the Feminine in American Indian Traditions* (Boston, Beacon Press, 1986).

Idem : La Femme tombée du ciel : récits et nouvelles de femmes indiennes (Albin Michel, 1996).

APULÉE : *L'Âne d'or* ou *les Métamorphoses* (Gallimard, 1975).

BACHELARD, Gaston : *La Terre et les rêveries de la volonté* (José Corti, 1988).

Idem : *La Terre et les rêveries du repos* (José Corti, 1992).

BACHOFEN, Johan Jakob : *Du règne de la mère au patriarcat* (Lausanne, Éditions de l'Aire, 1980).

Idem : *Le Droit maternel : recherche sur la gynécocratie de l'Antiquité dans sa nature religieuse et juridique* (Lausanne, L'Âge d'homme, 1996).

BAYET, Jean : *La Religion romaine : histoire politique et psychologique* (Payot, 1976).

BENOIT, Fernand : *Les Mythes de l'outre-tombe : le cavalier à l'anguipède et l'écuyère Épona* (Bruxelles, coll. « Latomus », vol. III, 1950).

BONNEFOY, Yves (éd.) : *Dictionnaire des mythologies* (2 volumes, Flammarion, 1981).

BONNET, Jocelyne : *La Terre des femmes et ses magies* (Robert Laffont, 1988).

BRIL, Jacques : *Lilith ou la mère obscure* (Payot, 1991).

CALDECOTT, M.: *Women in Celtic Myth : Tales of Extraordinary Women from the Ancient Celtic Tradition* (Rochester, Vermont, Destiny Books, 1992).

CLIER-COLOMBANI, Françoise : *La Fée Mélusine au Moyen Âge : images, mythes et symboles* (Le Léopard d'Or, 1991).

COUSSÉE, Bernard : *Le Mystère de la lune rousse* (Raimbeaucourt, Bernard Coussée, 1996).

CRAWFORD, Osbert Guy Stanhope : *The Eye Goddess* (London, Phoenix House, 1957)

CUMONT, Franz : *Les Religions orientales dans le paganisme romain* (Paris, 1929).

Idem : *Les Mystères de Mithra* (Éditions d'Aujourd'hui, 1985).

DHORME, Édouard : *Les Religions de Babylonie et d'Assyrie* (P.U.F., 1949).

DONTENVILLE, Henri : *La Mythologie française* (Payot, 1973).

Idem : *Dits et récits de mythologie française* (Payot, 1950).

Idem : *La France mythologique* (Tchou, 1966).

Idem : *Histoire et géographie mythiques de la France* (Maisonneuve et Larose, 1973).

DUMÉZIL, Georges : *Déesses latines et mythes védiques* (Bruxelles, coll. « Latomus », vol. XXV, 1956).

Idem : *Mythe et épopée I* (Gallimard, 1968).

Idem : *La Religion romaine archaïque* (Payot, 1974).

Idem : *Mythe et épopée III* (Gallimard, 1981).

EISLER, Riane : *Le Calice et l'épée* (Robert Laffont, 1989).

ELIADE, Mircea : *Histoire des croyances et des idées religieuses* (3 volumes, Payot, 1976, 1978 et 1983).

Idem : *Traité d'histoire des religions* (Payot, 1983).

EVANS-PRITCHARD, Edward : *La Femme dans les sociétés primitives* (P.U.F., 1971).

FOSSARD, Jean : *La Déesse mère existe, je l'ai rencontrée* (Éditions Les Bondons, 1995)

FRANZ, Marie-Louise von : *L'Âne d'or : interprétation d'un conte* (La Fontaine de pierre, 1981).

Idem : *Les Mythes de création* (La Fontaine de pierre, 1982).

Idem : *La Passion de sainte Perpétue : un destin de femme entre deux images de Dieu* (J. Renard, 1991).

Idem : *La Femme dans les contes de fées* (Albin Michel, 1992).

FRYMER-KENSKY, Tikva Simone : *In the Wake of Goddesses : Women, Culture and the Biblical Transformation of Pagan Myth* (Toronto, Maxwell Macmillan Canada, 1992).

GAIGNEBET, Claude et FLORENTIN, Marie-Claude : *Le Carnaval* (Payot, 1979).

GALLAIS, Pierre : *Genèse du roman occidental. Essai sur Tristan et Iseut et son modèle persan* (Têtes de feuilles, Éditions du SIRAC, 1974).

GETTY, Adele : *La Déesse, mère de la nature vivante* (Le Seuil, 1992).

GIMBUTAS, Marija : *Gods and Goddesses of Old Europe* (1976).

Idem : *The Language of the Goddess* San Francisco, Harper, 1991).

GIMBUTAS, Marija et MARLER, J. (éd.) : *The Civilization of the Goddess* (San Francisco, Harper, 1991).

GRANT, Michaël et HAZEL, John : *Le Who's who de la mythologie* (Seghers, 1975).

Idem : *Dictionnaire de la mythologie* (Verviers, Marabout, 1981).

GRATACOS, Isaure : *Fées et gestes. Femmes pyrénéennes, un statut social exceptionnel en Europe* (Toulouse, Privat, 1987).

GRAVELAINE, Joëlle de : *La Déesse sauvage : Les divinités féminines, mères et prostituées, magiciennes et initiatrices* (Saint-Jean-de-Bray, Éditions Dangles, 1993).

GRAVES, Robert : *Les Mythes grecs* (2 volumes, Hachette, 1983 et 1989).

Idem : *Les Mythes celtes, la déesse blanche* (Monaco, Le Rocher, 1989).

GRAVES, Robert et PATAI, Raphaël : *Les Mythes hébreux* (Fayard, 1987).

GREEN, Michaël : *Women and Goddesses in the Celtic World* (Leeds, British Association for the Study of Religions, 1991).

Idem : *Celtic Goddesses, Warriors, Virgins and Mothers* (London, British Museum Press, 1995).

GREEN, Miranda Jane : *Mythes celtiques* (Le Seuil, 1995).

GRIMAL, Pierre (sous la direction de) : *Dictionnaire de la mythologie grecque et romaine* (P.U.F., 1990).

HARC-LANCNER, L. : *Les Fées au Moyen Âge. Morgane et Mélusine : la naissance des fées* (Librairie Honoré Champion, 1984).

HART, George : *Mythes égyptiens* (Le Seuil, 1993).

HÉSIODE : *Théogonie* (Les Belles Lettres, 1992).

HUBERT, Henri : « Le mythe d'Épona », *in Mélanges offerts à M. Vendryes* (Paris, 1925).

JAMES, Edwin Oliver : *Le Culte de la déesse mère dans l'histoire des religions* (Le Mail, 1989).

JEAN, Charles-F. : « La religion sumérienne », *in Histoire des religions*, tome I, sous la direction d'Henri-Charles PUECH, (Gallimard, « Bibliothèque de la Pléiade », 1970).

JOHNSON, Buffie : *Lady of the Beasts : Images of the Goddess and her Sacred Animals* (San Francisco, Harper

and Row, 1988).
JUNG, Carl Gustav et KERÉNYL, Charles : *Introduction à l'essence de la mythologie* (Payot, 1993).

KERÉNYL, Charles : *La Mythologie des Grecs. Histoire des dieux et de l'humanité* (Paris, 1952).
Idem : *La Religion antique : ses lignes fondamentales* (Genève, 1957).
KLOSSOWSKI, Pierre : *Le Bain de Diane* (Gallimard, 1980).
KRAMER, Samuel Noah : *Le Mariage sacré : à Sumer et à Babylone* (Berg, 1983).
Idem : *L'histoire commence à Sumer* (Flammarion, 1994).

LACHAUD, René : *Les Déesses de l'Égypte pharaonique* (Monaco, Le Rocher, 1993).
LE BONNIEC, Henri : *Le Culte de Cérès à Rome des origines à la fin de la République* (Paris, 1858).
LECOUTEUX, Claude : *Mélusine et le chevalier au cygne* (Payot, 1982).
Idem : *Fées, sorcières et loups-garous* (Imago, 1992).
LEROII-GOURHAN, André : *Les Religions de la préhistoire : I, le paléolithique* (P.U.F., 1983).
LÉVI-STRAUSS, Claude : *Anthropologie structurale* (Plon, 1990).
LORAUX, Nicole : *Façons tragiques de tuer une femme* (Hachette, 1985).
Idem : *Les expériences de Tirésias : le féminin et l'homme grec* (Gallimard, 1989).
Idem : *Les Enfants d'Athéna : idées athéniennes sur la citoyenneté et la division des sexes* (Le Seuil, 1990).
Idem : *Les Mères en deuil* (Le Seuil, 1990).
Idem : *Né de la terre : mythe et politique à Athènes* (Le Seuil, 1996).
LOUIS-COMBET, Claude : *Le Roman de Mélusine* (Albin Michel, 1986).
LUCIEN de Samosate : *La Déesse syrienne* (Guy Trédaniel, Éditions de la Maisnie, 1980).

MAGNEN, R. et THÉVENOT, Émile : *Épona, déesse gauloise des chevaux, protectrice des cavaliers* (Bordeaux, Delmas, 1953).
MARBEAU-CLEIRENS, Béatrice : *Les Mères imaginées : horreur et vénération* (Les Belles Lettres, 1988)
MALONOWSKI, Bronislaw : *La Sexualité et sa répression dans les sociétés primitives* (Payot, 1980).
MARKALE, Jean : *Mélusine ou l'androgyne* (Retz, 1983).
Idem : *La Femme celte : mythe et sociologie* (Payot, 1992).
Idem : *La Grande Déesse* (Albin Michel, 1997)
MCCALL, Henrietta : *Mythes de Mésopotamie* (Le Seuil, 1994).
MOATTY, Yves : *La Déesse des origines* (Les Deux Océans, 1995).
MOOKERJEE, Ajit : *La Voie du tantra* (Le Seuil, 1977).
MORENZ, Siegfried : *La Religion égyptienne* (Payot, 1977).
MOSCATI, Sabatino : *L'Épopée des Phéniciens* (Fayard, 1971).

NERVAL, Gérard de : *Les Filles du feu* et *Les Chimères* (Garnier-Flammarion, 1965).
NIETHAMMER, Carolyn : *Filles de la terre : vies et légendes des femmes indiennes* (Albin Michel, 1997).
NILLSON, Martin P. : *La Religion populaire dans la Grèce antique* (Paris, 1955).
NIN, Anaïs : *Vénus erotica* (Stock, 1978).

O'Flaherty, Wendy Doniger : *Siva, érotique et ascétique* (Gallimard, 1993).

Page, Raymond Ian : *Mythes nordiques* (Le Seuil, 1993).

Pagels, Elaine H. : *Les Évangiles secrets* (Gallimard, 1982).

Idem : *Adam, Ève et le serpent* (Flammarion, 1989).

Patte, Étienne : *Les Préhistoriques et la religion* (A. et J. Picard, 1960).

Perera, Sylvia Brinton : *Retour vers la Déesse* (La Varenne-Saint-Hilaire, Séveyrat, 1990).

Picard, Charles : *Les Religions préhelléniques : Crète et Mycènes* (1948).

Pillard, Guy-Édouard : *La Déesse Mélusine. Mythologie d'une fée* (Hérault-Éditions, 1989).

Platon, Nikolaos : *La Civilisation égéenne* (2 volumes, Albin Michel, 1981).

Plutarque : *Isis et Osiris* (Guy Trédaniel, Éditions de la Maisnie, 1985).

Przyluski, Jean : *La Grande Déesse* (Payot 1950).

Rees, A. et Rees, B. : *Celtic Heritage : Ancient Tradition in Ireland and Wales* (London, Thames & Hudson, 1961).

Saillens, Émile : *Nos vierges noires, leurs origines* (Éditions Universelles, 1945).

Schilling, Robert : *Rites, cultes, dieux de Rome* (Klincksieck, 1979).

Idem : *La Religion romaine de Vénus* (E. de Boccard, 1982).

Séchan, Louis et Lévêque, Pierre : *Les Grandes Divinités de la Grèce* (Armand Colin, 1990).

Severyns, Albert : *Grèce et Proche-Orient avant Homère* (Bruxelles, Presses Universitaires, 1968).

Sjoestedt, Marie-Louise : *Dieux et héros des Celtes* (Rennes, Terre de brume, 1993).

Sjoo, Monica et Mor, Barbara : *The Great Cosmic Mother : Rediscovering the Religion of the Earth* (San Francisco, Harper, 1991)

Société de mythologie française : *Mélanges de mythologie française offerts à Henri Dontenville* (Maisonneuve et Larose, 1980).

Spretnak, Charlene : *Lost Goddesses of Early Greece : A Collection of Pre-Hellenic Myths* (Boston, Beacon Press, 1984).

Idem : *Les Dimensions spirituelles de la politique écologique* (Genève, Jouvence, 1995).

Stacul, E. : *La grande madre : introduzione all'arte neolitica d'Europa* (Roma, 1963).

Stone, Merlin : *Quand Dieu était femme* (L'Étincelle, 1989).

Tacite : *Œuvres complètes* (Gallimard, 1991).

Taube, Karl : *Mythes aztèques et mayas* (Le Seuil, 1995).

Treuil, R., Darque, P., Poursat, J.-C. et Touchais, G. : *Les Civilisations égéennes du néolithique et de l'âge du bronze* (P.U.F., 1990).

Vercoutter, Jean : *À la recherche de l'Égypte oubliée* (Gallimard, 1986).

Idem : *L'Égypte et la vallée du Nil* ; volume I, des origines à la fin de l'ancien empire (P.U.F., 1992).

Voragine, Jacques de : *La Légende dorée* (2 volumes, Garnier-Flammarion, 1967).

WALTER, Philippe : *Le Gant de verre. Le mythe de Tristan et Yseut* (Artus, 1990).

Idem : *Mythologie chrétienne* (Entente, 1992).

WARNER, Marina : *Seule entre toutes les femmes : mythe et culte de la Vierge Marie* (Marseille, Rivages, 1989).

WOLKSTEIN, D. et KRAMER, Samuel Noah : *Inanna, Queen of Heaven and Hearth : Her Stories and Hymns from Sumer* (New York, Harper & Row, 1983).

ZIMMER-BRADLEY, Marion : *Les Dames du lac* (Pygmalion, 1986).

Index

A

B

C

D

E

J

K

L

M

S

T

Crédits photographiques

L'éditeur tient à remercier les photographes et les organismes pour leur aimable permission de reporduire dans cet ouvrage les photographies suivantes :

Abréviations :
H haut ; **C** centre; **B** bas ; **G** gauche ; **D** droite

AAA: Ancient Art and Architecture Collection
AKG: AKG, London
BAL: Bridgeman Art Library
ETA: e.t. archive
RHPL: Robert Harding Picture Library
WFA: Werner Forman Archive

1 Tony Stone; **2** ETA; **6H** C.M. Dixon; **6BG** RHPL; **6–7** Michael Holford; **7BG** ETA; **7BD** Trip; **8–9** Panos/Penny Tweedy; **10** AAA; **11** BAL; **12** Fortean Picture Library; **13** C.M. Dixon; **14** C.M. Dixon; **15** Michael Holford; **16** Museum of Modern Art, New York. Gift of Nelson A. Rockefeller; **19G** WFA; **19D** BAL; **20–21** Pepita Seth; **22H** Trustees of the British Museum; **22B** WFA; **23** ETA; **24** BAL; **25** RHPL; **26** WFA; **27** WFA; **28** WFA; **29** Sue Cunningham; **30** Trip; **31** WFA; **32** AKG; **33** ETA; **34** Paul Watts; **35H** C.M. Dixon; **35B** WFA; **36** WFA; **38H** and **C** AAA; **39** AAA; **40** Hutchison Library; **41** Hutchison Library; **42–3** WFA; **44–5** Hutchison Library; **45** WFA; **46H** C.M. Dixon; **46B** Sue Cunningham; **47** BAL; **48H** WFA; **48B** Sue Cunningham; **49** Hutchison Library; **50** ETA; **51** C.M. Dixon; **52** Michael Holford; **53G** C.M. Dixon; **53D** AAA; **54** Fortean Picture Library; **55H** ETA; **55B** WFA; **56–7** RHPL; **58** Wheelwright Museum of the American Indian; **59** WFA; **60** AAA; **61** Michael Holford; **62** Fortean Picture Library; **63** WFA; **64** ETA; **65B** WFA; **67** WFA; **68** WFA; **69** ETA; **70** C.M. Dixon; **71H** Michael Holford; **71B** ETA; **72** ETA; **73** BAL; **74–5** WFA; **76** Michael Holford; **77** Michael Holford; **78H** AAA; **79** Fortean Picture Library; **80** AKG; **81** C.M. Dixon; **82** WFA; **83** AAA; **84** AAA; **86** WFA; **87** ETA; **88** ETA; **89** ETA; **90D** ETA; **91** Bodleian Library, Oxford; **92–3** Trustees of the British Museum; **94** Michael Holford; **95** WFA; **96H** WFA; **96B** Fortean Picture Library; **97** WFA; **98** AAA; **99H** ETA; **99B** Images of India; **100** ETA; **101G** Michael Holford; **101D** ETA; **102** ETA; **103** C.M. Dixon; **104** WFA; **105** AKG; **106** BAL; **107** BAL; **108–9** Stephen Trimble; **110** RHPL; **111** ETA; **112–3** Stephen Trimble; **114B** AAA; **115** WFA; **116H** ETA; **117** BAL; **118** AKG; **119** AAA; **120** AAA; **121** Michael Holford; **122** AKG; **123** ETA; **124** BAL; **125** Fortean Picture Library; **126** BAL; **127H** ETA; **127B** WFA; **128–9** Fine Arts Museum of San Francisco. Gift of Peter F. Young; **130** BAL; **131** BAL; **132** AKG; **133** Pepita Seth; **134H** BAL; **134B** WFA; **135** BAL; **136–7** RHPL; **138** Michael Holford; **139H** AAA; **139B** Trustees of the British Museum; **140** WFA; **141** AKG; **142** BAL; **144** Wheelwright Museum of the American Indian; **145** Michael Holford; **147** Ann and Bury Peerless; **148–9** Sue Cunningham; **150** Mary Beth Edelson; **151** Stuart Littlejohn; **153** Stephen Trimble; **154** BAL; **155** Harper Collins, San Francisco; **157** Arks Gallery/Gogisaroj Pal; **158H** ETA; **159** Network; **160** BAL; **163** ETA; **167** C.M. Dixon

Illustrations réalisées spécialement pour cet ouvrage :
66, 78B, 114H Hannah Fermin
37, 162, 164–5 Russell Bell

Tous les efforts ont été faits pour retrouver les auteurs des photos. Si, toutefois, certains n'étaient pas mentionnés, nous serions heureux de les ajouter dans les éditions ultérieures.

FRONTISPIECE Cérès, par *Baldassare Peruzzi (1481-1536).*